Musik erleben 1|2

Ein Unterrichtswerk für die 1. und 2. Jahrgangsstufe der Grundschule

Erarbeitet von

Rodrigo Fernandez
Barbara Häublein
Edith Scheffold
Reinhard Schuhmann

Illustriert von Ivana Koubek

wolf verlag

Verwendete Abkürzungen, Abbildungen und Symbole

Klanggesten: kla → klatschen pa → patschen sta → stampfen schna → schnalzen

Handtrommel	Hängendes Becken	Schellenkranz
Pauke	Cymbeln	Schellenring
Holzblocktrommel	Fingercymbeln	Schellenrassel
Schlagstäbe	Triangel	Kugelrassel
GL – Glockenspiel	MET – Metallophon	XYL – Xylophon

Für Stabspielbegleitungen können sowohl bei Xylophonen als auch bei Metallophonen alle Instrumente von der Bass- bis zur Sopranlage eingesetzt werden.

Zeichen mit laufender Nummer für die Hörbeispiele der Compact Disc 41001

P Zeichen mit laufender Nummer für die Playbacks der Compact Disc 41002

Die CD mit der Bestellnummer 41001
enthält sämtliche erforderlichen Hörbeispiele.

Die CD mit der Bestellnummer 41002
enthält die Playbacks zum Singen und Mitspielen.

Das Lehrerhandbuch mit der Bestellnummer 01401
liefert didaktisch-methodische Erläuterungen,
Kopiervorlagen, Hintergrundinformationen
sowie Tipps und Anregungen
zur Weiterarbeit und Vertiefung.

Sie finden uns im Internet unter:
www.wolfverlag.de

Bestellnummer 70401

1. Auflage 4 3 2 1 2004 03 02 01
Die letzte Zahl bedeutet das Jahr dieses Druckes.
Alle Drucke dieser Auflage können im Unterricht
nebeneinander verwendet werden.
Verantwortlicher Lektor: Albert Wünsch
Grafik: Ivana Koubek, Regensburg

Nach den Regeln der Rechtschreibreform

ISBN 3-523-70401-4

Inhaltsübersicht

Am Morgen

Guten Morgen

T: R. Krenzer M: I. Lotz

P 1

** Wie könnt ihr euch noch begrüßen?*

Ich wünsch dir einen guten Morgen

T u. M: R. Schuhmann

P 2

2. So lasst den Tag uns froh beginnen.
Lasst herein den Sonnenschein.
So lasst uns miteinander singen.
Unser Tag soll fröhlich sein.

Begrüßungsspiel

Alle gehen zu dieser kroatischen Melodie im Raum umher.

Marco skače (Wird mehrmals wiederholt) aus Kroatien

Immer an dieser Stelle „schnappt" sich jeder den Nächsten und schüttelt ihm die Hand. Alle begrüßen sich auch in anderen Sprachen.

Begleitung:

1

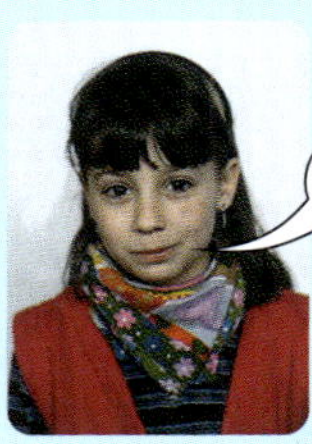

(Griechenland)

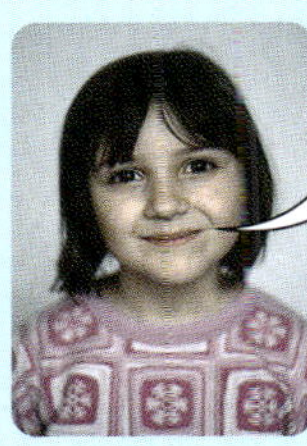

(Frankreich)

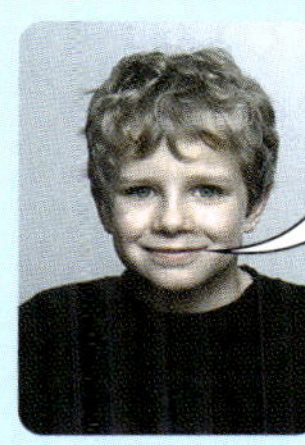

(England)

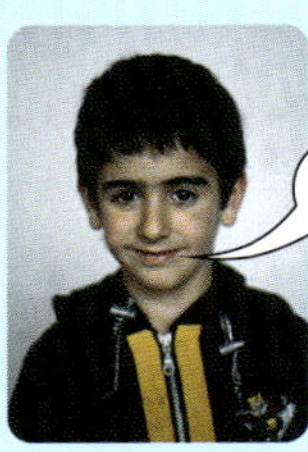

(Türkei)

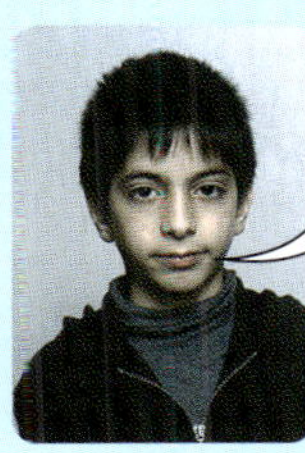

(Spanien)

(Tschechien)

Wir wollen singen T u. M: R. Schuhmann

Begleitung:

P 3

Bei uns im Kreis

1 *Überlegt euch, welche lustigen Einfälle ihr im Kreis weitergeben könnt.*

2 *Probiert aus: einmal langsam, einmal schnell, einmal leise, einmal laut.*

If you're happy

T u. M: aus England

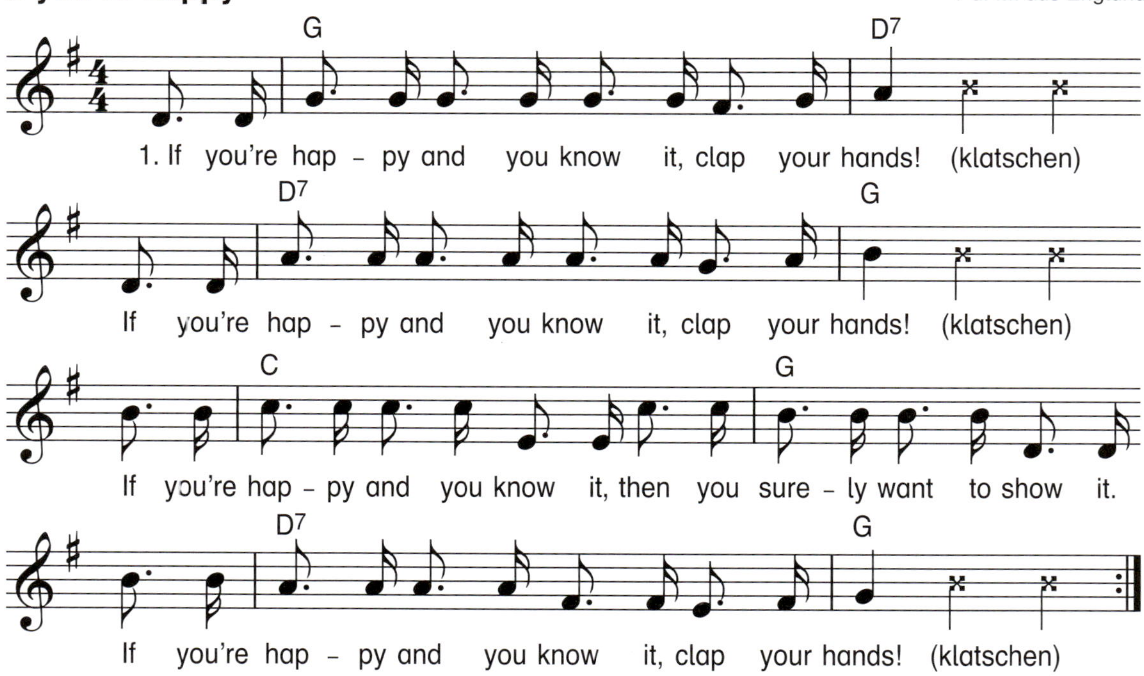

P 4

2. Stamp your feet!
3. Snap your fingers!
4. Say „We are“!
5. Do all four!

3 *Zu diesem Lied könnt ihr weitere Strophen erfinden.*

Ein Jahr älter

Drei Mal hoch!

T u. M: R. Fernandez

P 5

Zum Geburtstag

T u. M: R. Schuhmann (unter Verwendung eines alten Spruches)

P 6

* *Hier wird der Vorname des Geburtstagskindes eingesetzt.*

Meine Hand, deine Hand

Wozu sind uns're Hände da?

T u. M: K. Foltz

Möseler Verlag, Wolfenbüttel

P 7

■ *Eure Hände können noch viel mehr: patschen, klopfen, drehen, zappeln, tupfen …*

Hände drücken

T: R. Krenzer M: I. Lotz

Verlag Ernst Kaufmann GmbH, Lahr

P 8

Allein: Finger strecken …
Lustig winken …

Zu zweit: Hände geben …
Rücken klopfen …

Meine Hände fühlen

T u. M: U. Biasin

P 9

Begleitung:

Mit freundlicher Genehmigung von U. Biasin

Die gelben Tüten

T u. R: R. Schuhmann (nach einer Idee von G. Fleßa)

Die gelben Tüten spielen gerade miteinander.
Da kommen ein paar blaue Tüten behutsam auf sie zu.

Blaue Tüten:

Die gelben Tüten stellen sich gegen die blauen Tüten.

Gelbe Tüten:

Die blauen Tüten ziehen sich zurück. Die gelben Tüten spielen weiter.
Es kommen grüne Tüten.

Grüne Tüten: Wir grünen Tüten würden halt zu gerne bei euch sein.
Mit euch zu spielen wär so schön. Mit euch, das wäre fein. (Bitte …)

Gelbe Tüten: Wir gelben Tüten wollen nicht, dass andere bei uns sind.
Ihr seid nicht gelb, passt nicht zu uns. Haut ab! Haut ab geschwind! (Fort …)

Und wie könnte es weitergehen?

1 *Spielt die Geschichte.*
Denkt euch selbst einen Schluss aus. Die Bilder helfen euch dabei.

2 *Verwendet als Abschluss des Spiels das folgende Lied.*

Miteinander

T u. M: R. Schuhmann

2. Miteinander fröhlich singen,
miteinander tanzen, swingen,
miteinander auch mal blödeln.
Ja, das macht uns Spaß.

3. Miteinander diskutieren,
miteinander mal spazieren,
miteinander Streiche spielen.
Ja, das macht uns Spaß.

P 10

Dideldudeltanz

1 *Geht zu zweit zusammen. Versucht zu gehen, euch zu drehen oder zu tanzen: Eure beiden Stirnen, eure Nasen, eure Ellenbogen, eure kleinen Finger und andere Körperteile sollen sich dabei berühren.*

Die Dideldudelleute

T, M u. Spielidee: G. Bächli

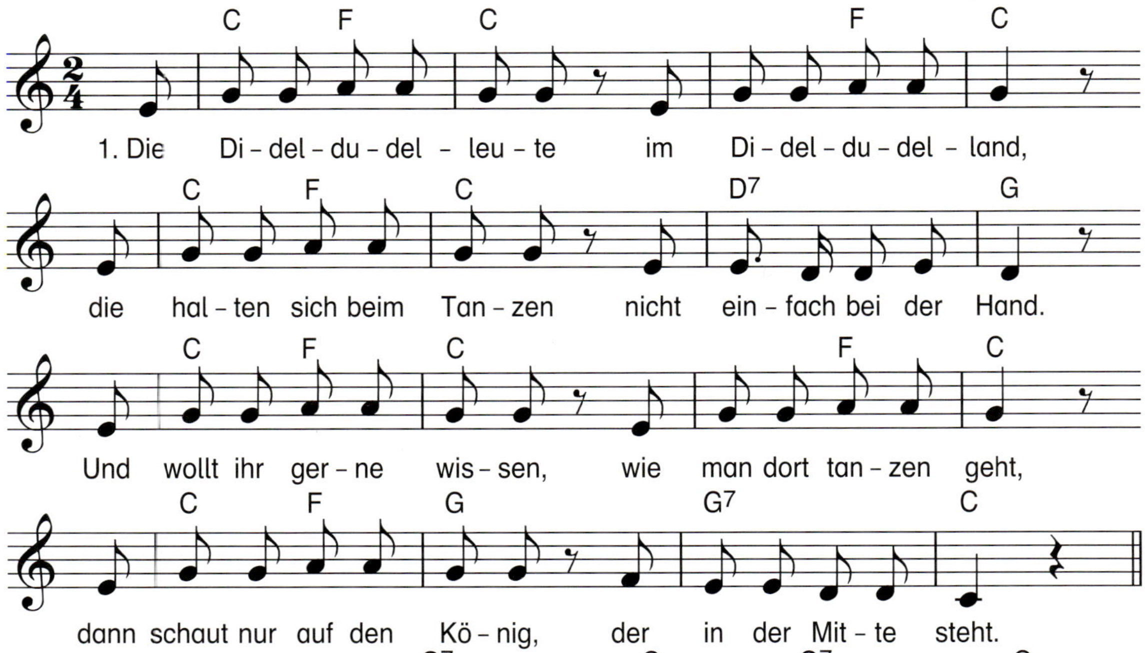

2 *Ein König steht in der Mitte. Tanzt paarweise um ihn herum.*

3 *Der König deutet auf seine Stirn, seine Knie oder andere Körperteile. Tanzt zu „didel didel dum dum“ genauso zu zweit, wie es der König befiehlt.*

4 *Danach regiert ein neuer König im Dideldudelland.*

Auf Wiedersehen

Wir machen Pause

T u. M: R. Schuhmann

P 11

Aus, aus, Schule ist aus

T u. M: R. Schuhmann

2. Aus, aus, Schule ist aus.
Lasst uns nach Hause geh'n.
Tschüss und auf Wiederseh'n!
Aus, aus, Schule ist aus.

P 12

Schni schna schnaus

T u. R: R. Schuhmann

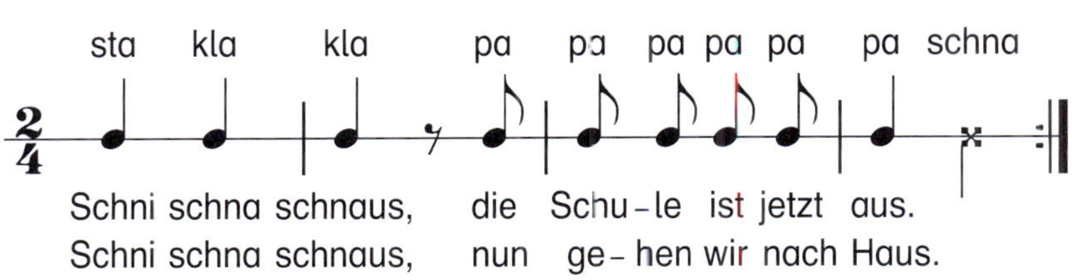

Ein Haus voll Musik

1 *Ordnet die Hörbeispiele den Bildern zu.*

2-9

2 *Welche Musik hört ihr am liebsten?*

KINDER
KONZERT
PETER UND
DER WOLF
STADTTHEATER
SONNTAG: 21. APRIL
BEGINN: 10.00 UHR

Die Fee im Klangwald

Es war einmal

T u. M: R. Schuhmann

2. Ja, ja, sie war ´ne gute Fee.
Das wussten Jung und Alt.
Sie wohnte ganz weit weg von hier
in einem tiefen Wald.

3. Verlief sich jemand in dem Wald
und fand nicht mehr hinaus,
die gute Fee war dann zur Stell'
und half ihm wieder raus.

P 13

Und woher wusste die Fee, dass jemand in dem Wald umherirrte? Sie hatte den Bäumen befohlen, dass diese mit Klängen und Geräuschen den Weg des Verirrten begleiten sollten. So konnte sie zu Hilfe kommen.

Eines Tages hat sich ein Mädchen in diesem Wald verlaufen. Verzweifelt irrt es zwischen den Klangbäumen umher.

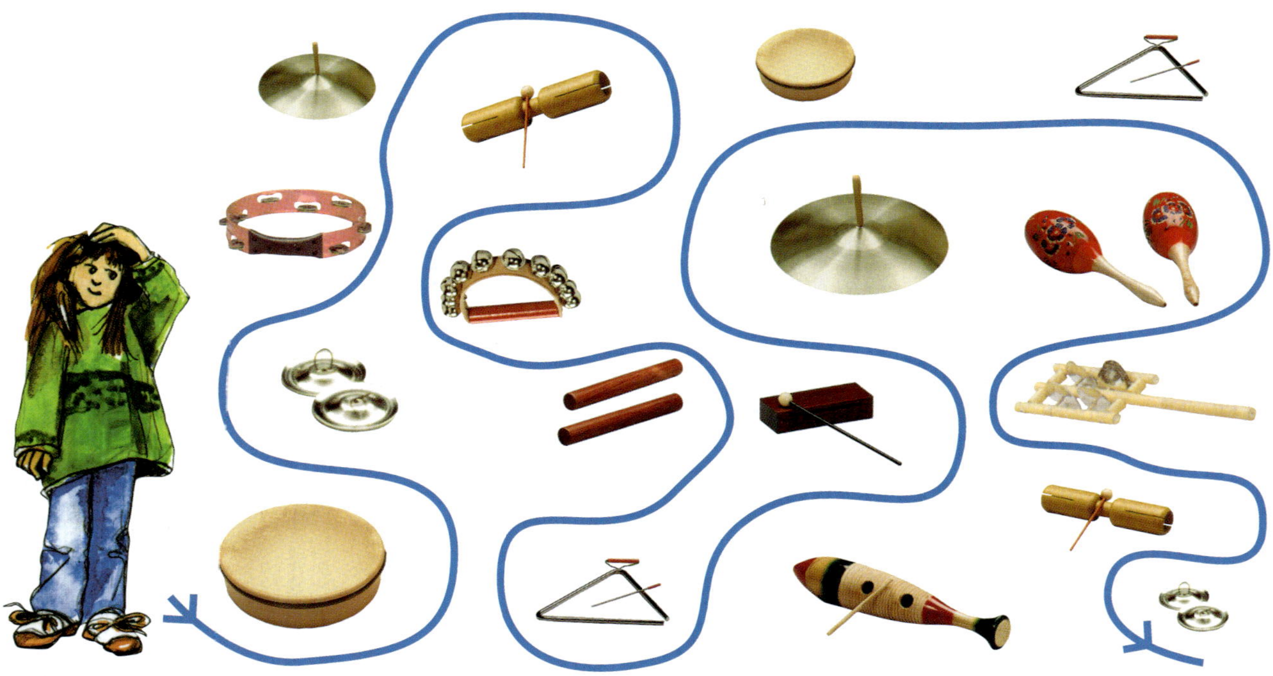

Die Fee hat die Klangbäume gehört. Sie kommt auf das Mädchen zu und tröstet es. Dann nimmt sie das Mädchen an der Hand und führt es.

Auf dem Weg tippt die Fee einen Baum nach dem anderen an und flüstert: „Spiel immerzu!“ Erst, als alle Bäume klingen, haben beide den Waldesrand erreicht. Auf ihrem Rückweg tippt die Fee wieder jeden Baum an und sagt: „Danke!“ So verstummt Baum um Baum, bis es wieder im Wald ganz still ist.

Verschwunden ist die gute Fee

T u. M. R. Schuhmann

P 14

Begleitung (auch für „Es war einmal“):

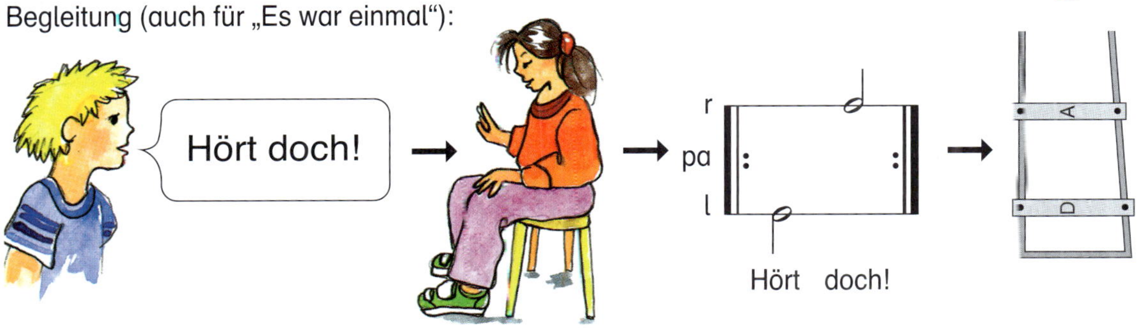

Manchmal macht die Fee mit den Instrumentenbäumen Musik.

Wind, Wind, sause

Sausewind, Brausewind

T u. M: H. Poser

2. Sausewind, Brausewind, schüttelst alle Blätter.
Sausewind, Brausewind, bringst uns schlechtes Wetter.
Lass bei uns, lass bei uns ja nicht Schnee und Regen los,
lieber bei den Eskimos.

P 15

Fidula-Verlag, Boppard/Rhein und Salzburg

Das Spiel vom Sausewind

Der Sausewind wird mit Stimme und Instrumenten nachgeahmt.

Der Außenkreis gibt den Wind weiter. Der Innenkreis hört zu.
Wenn der Wind zur Ruhe gekommen ist, werden die Plätze getauscht.

Rechte beim Autor

Nebelhauch

1 *Spielt die Rufe in den Nebel auch mit Stabspielen.*

2 *Mit den Tönen der Rufe könnt ihr das Lied begleiten.*

Nebel, Nebel, weißer Hauch

M: W. Pudelko T: F. A. Blume

P 16

Bärenreiter Verlag, Kassel

3 *Singt Nebeltöne. Summt Klangnebel.*

4 *Bewegt euch mit Tüchern wie Nebelschwaden. Lasst danach die goldene Sonne sehen.*

5 *Malt die Bewegungen der Tücher auf ein Blatt Papier. Mit euren Bildern könnt ihr ein Herbstbilderbuch gestalten.*

Kastanienspiele

10

1 *Jede Kastanie hat ihr eigenes Muster. Auf einem Instrument kannst du es zum Klingen bringen.*

11, 12

Kastanienklopfen

T u. R: R. Fernandez

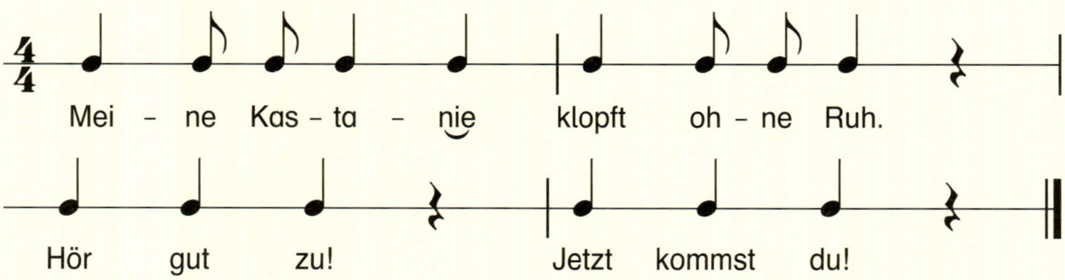

2 *Ein Kind nach dem anderen spricht den Sprechvers. Die anderen Kinder klopfen dazu mit der Kastanie auf den Tisch.*

Die Kastanie

T u. M: R. Fernandez

P 17

2. Am Boden platzt es auf.
Ich roll heraus.
Der Herbstwind treibt mich ohne Ruh
den Kinderhänden zu.

Begleitung:

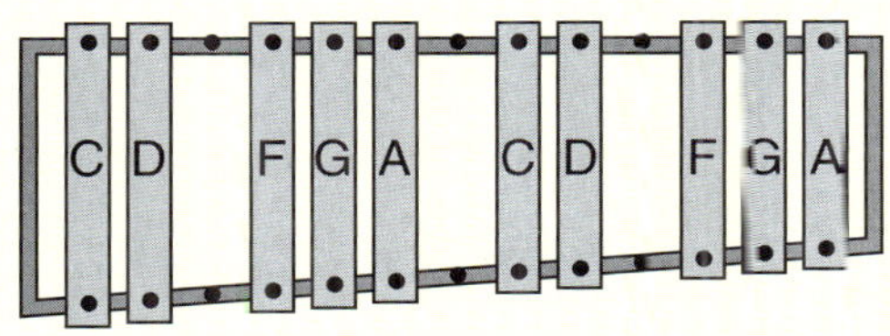

1 *Überlegt euch Bewegungen zur zweiten Strophe.*

2 *Bewegt zum Lied eine Kastanie (zwei Kastanien) auf eurem Körper.*

3 *Malt das Muster einer Kastanie auf den Rücken eures Partners.*

Aus Kastanien kannst du verschiedene Figuren und Tiere bauen.

Kastanientanz

13

Drachen steigen

Wenn im Herbst die Winde weh'n

T u. M: E. Scheffold

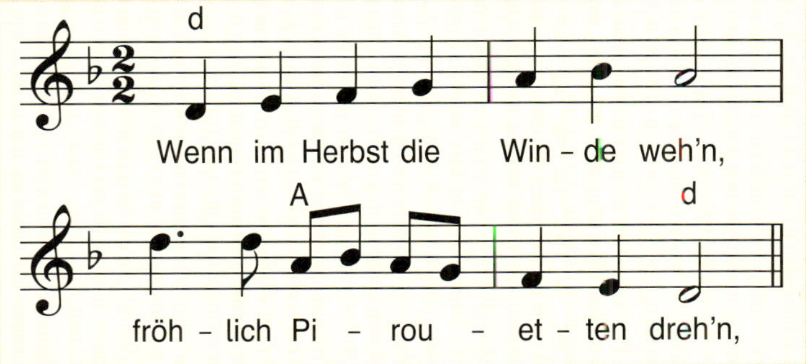

gesprochen und mit (Körper-)Instrumenten begleitet:

pusten, wirbeln, stürmen, blasen,
über Wälder, Flur und Rasen,

pssss

fff

zzz

schsch

sss

huiii

pfff

Begleitung:
(im Tremolo wirbeln):

XYL + MET

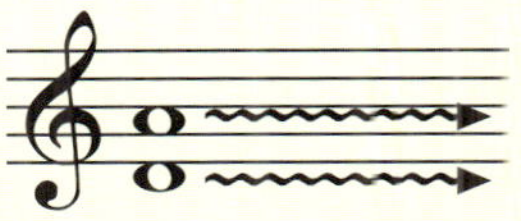

P 18

Stellt den stürmenden, wirbelnden Herbstwind mit dem Körper und mit Bändern dar.

Der Herbst ist da

Herbstgedicht

1 Spielt mit Instrumenten, wie die Blätter sacht und langsam fallen.

Langsam fällt jetzt Blatt für Blatt
von den bunten Bäumen ab.
Jeder Weg ist dicht besät
und es raschelt, wenn man geht.

Bunte Blätter fall´n vom Baum,
schweben sacht, man hört es kaum.

Plötzlich trägt der Wind sie fort,
wirbelt sie von Ort zu Ort.

Wie sie flattern, wie sie fliegen,
sinken und am Boden liegen.

2 Ahmt mit der Stimme den Wind nach.

3 Spielt mit immer mehr Instrumenten, wie die Blätter wirbeln …

Wind, Wind, blase!

T: G. Sichelschmidt M: R. R. Klein

P 19

2. Wind, Wind, brause!
Die Maus sitzt hinterm Hause.
Sie blinzelt da aus ihrem Loch.
Die böse Katze fängt sie doch.
Wind, Wind, brause!

3. Wind, Wind, wehe!
Im Walde sind zwei Rehe.
Das eine groß, das andre klein,
so geht es über Stock und Stein.
Wind, Wind, wehe!

4. Wind, Wind, heule!
Im Dach wohnt eine Eule.
Die ärgert sich den ganzen Tag,
dass sie kein Mensch mehr leiden mag.
Wind, Wind, heule!

5. Wind, Wind, leise!
Ein Stern geht auf die Reise.
Und wer ihn sieht dort überm Baum,
dem schenkt er einen schönen Traum.
Wind, Wind, leise.

Fidula-Verlag, Boppard/Rhein und Salzburg

Begleitung: XYL + MET

Der Wind, der Wind nimmt alles mit geschwind.

Der Herbst

T u. M: H. R. Franzke

2. Der Herbst, der Herbst,
der Herbst ist da!
Er bringt uns Obst, hei hussassa!
Macht die Blätter bunter,
wirft die Äpfel runter.
Heia hussassa, der Herbst ist da!

3. Der Herbst, der Herbst,
der Herbst ist da!
Er bringt uns Spaß, hei hussassa!
Rüttelt an den Zweigen,
lässt den Drachen steigen.
Heia hussassa, der Herbst ist da!

P 20

Begleitung:

S: B. Häublein

Sprecht dazu:

Herbst, Herbst, Herbst, Herbst

Winde wehen, Winde wehen

*Schüttelt ab die Blätter,
bringt uns Regenwetter.*

Schlaflied der Tierkinder

T u. M: R. Fernandez

2. Sag, wie schlafen Vogelkinder,
schlafen sie wie du?
Aus Gräsern bauen sie sich ein Nest
und machen die Äuglein zu.

3. Sag, wie schlafen Schneckenkinder,
schlafen sie wie du?
Sie ziehen sich in ihr Haus zurück
und finden dort ihre Ruh.

4. Sag, wie schlafen Goldfischkinder,
schlafen sie wie du?
Sie treffen sich alle im dunklen Grund
und hören dem Rauschen zu.

P 21

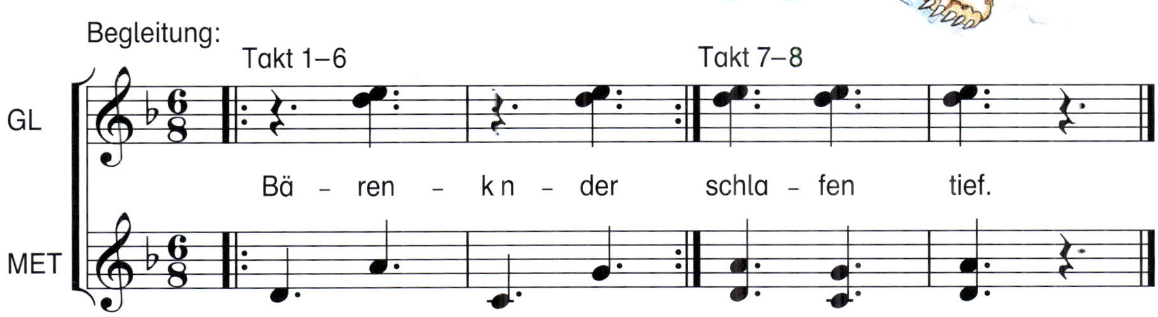

Erfindet neue Strophen für andere Tierkinder.

Die Freunde des *Herrn Laut* und Herrn Leis

Freunde des Herrn Laut:

T u. R: R. Schuhmann

Es folgt ②.

Es folgt ④.

Verwandlungsspiel

Alle bewegen sich im Wechsel als Freunde des Herrn Laut und des Herrn Leis. Der Wechsel wird jeweils durch einen Beckenklang angezeigt.

Bewegungsspiel

Alle bewegen sich zu einer „Laut-Leise-Musik" als Freunde des Herrn Laut und des Herrn Leis. 14

Ratespiel

Jeder spielt etwas als Freund des Herrn Laut oder des Herrn Leis vor. Die anderen müssen raten, wen er darstellt.

Freunde des Herrn Leis:

Orchesterspiel

Alle bilden mit Schlaginstrumenten ein Orchester.
Ein Dirigent zeigt an, wann alle laut oder leise spielen sollen.

Laut-Leise-Musik

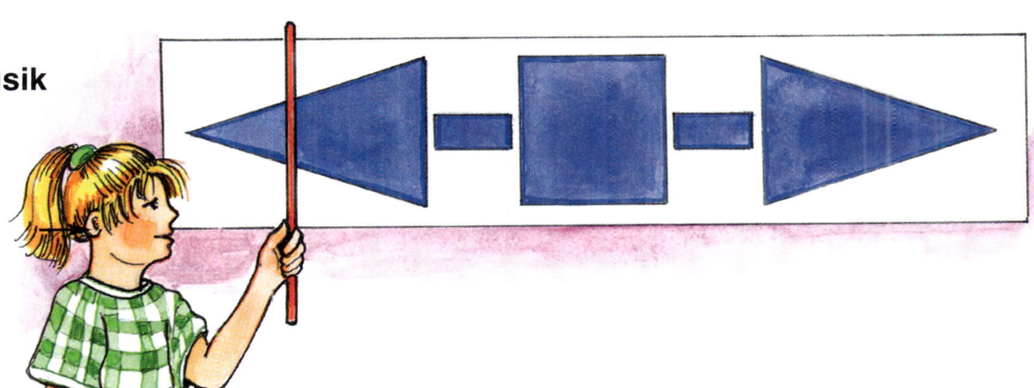

Lichter für St. Martin

St. Martin reitet auf seinem Pferd.
Es schneit und ein eisiger Wind
weht.

Vor dem Stadttor sitzt ein
zitternder armer Mann. Er friert.
St. Martin zieht die Zügel an.
Sein Pferd bleibt beim alten Mann stehen.

St. Martin teilt seinen Mantel mit dem
Schwert.
Er legt den halben Mantel um die
Schultern des Mannes
und reitet davon.
Dem Bettler wird ganz warm.

■ *Die Geschichte von St. Martin könnt ihr darstellen und auf Instrumenten spielen.*

Martin, Martin

T u. M: aus Thüringen

P 22

2. Martin, Martin,
Martin ritt durch dunklen Wald,
Wind, der wehte bitterkalt.
Saß am Weg ein Bettler alt,
wäre gar erfroren bald.

3. Martin, Martin,
Martin aus Barmherzigkeit
seinen Mantel mit ihm teilt.
Ohne Dank er weiter eilt.
Bettlers Not war nun geheilt.

Ich geh mit meiner Laterne

T u. M: aus Holstein

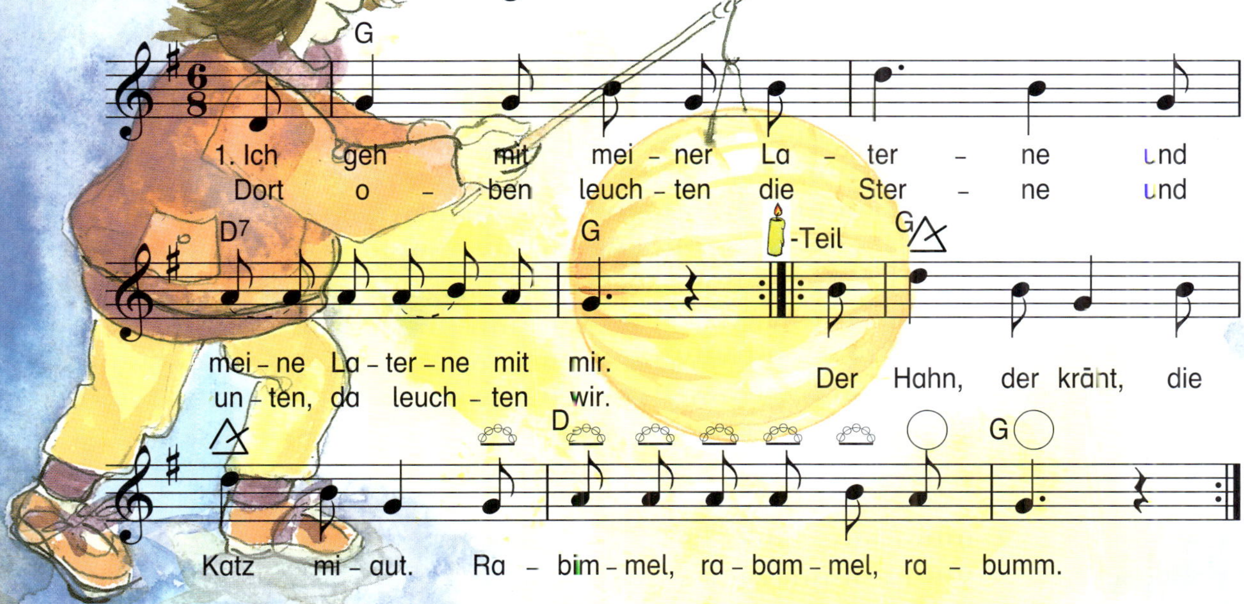

2. Wir ziehen mit den Laternen,
durch Stadt und Wald und Feld,
und leuchten mit allen Sternen
hinein in die dunkle Welt.
Laternenlicht, verlösch mir nicht.
Rabimmel, rabammel, rabumm.

3. Wir singen fröhliche Lieder
bis unsre Laterne geht aus.
Doch morgen kommen wir wieder
und ziehn in die Nacht hinaus.
Mein Licht ist aus, ich geh nach Haus.
Rabimmel, rabammel, rabumm.

P 23

1 *Verwendet das Lied für einen Laternenzug.*
Bewegt euch ruhig und feierlich, damit die Kerze nicht erlischt.

2 *Beim -Teil könnt ihr die Laterne mit einem anderen Kind tauschen.*

Brennt die Kerze hell

Dt. T: J. Lehel M: aus Ungarn

Begleitung:

XYL + MET

P 24

Laterne, Mond und Sterne

Laternentanz

Wir betrachten ganz ruhig unsere Laternen und lauschen der Musik. 15

Auf den Laternen seht ihr **drei** verschiedene Bilder.
In der Musik hört ihr **drei** verschiedene Teile.
Beim Tanzen habt ihr **drei** verschiedene Formen.

Bei der „Herzmusik“ geht ihr mit langsamen Schritten
im Kreis hintereinander: einmal nach rechts (1.),
bei der Wiederholung nach links (2.). 16

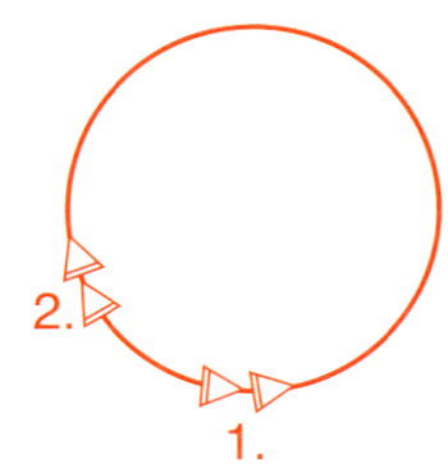

Bei der „Mondmusik“ steht ihr paarweise
auf der Kreisbahn und schaut zur Mitte.
Das Kind, das links steht, geht mit 8 langsamen Schritten
um seinen Partner (1.). Danach wechselt ihr (2.).
Wiederholt diesen Teil. 17

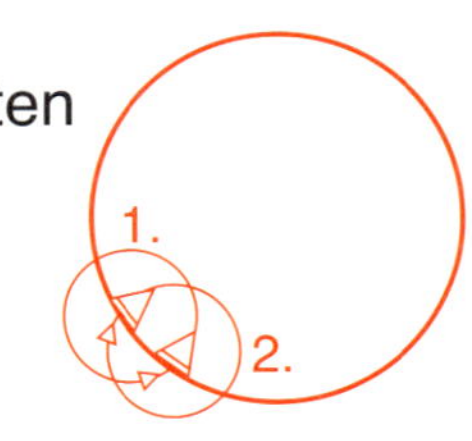

Zur „Sternenmusik“ bleibt ihr paarweise zusammen.
Zuerst schreitet Paar A mit 8 Schritten zur Kreismitte
und wieder zurück (1.).
Anschließend geht Paar B mit 8 Schritten rückwärts
und wieder zurück auf die Kreisbahn. (2.).
Wiederholt diesen Teil. 18

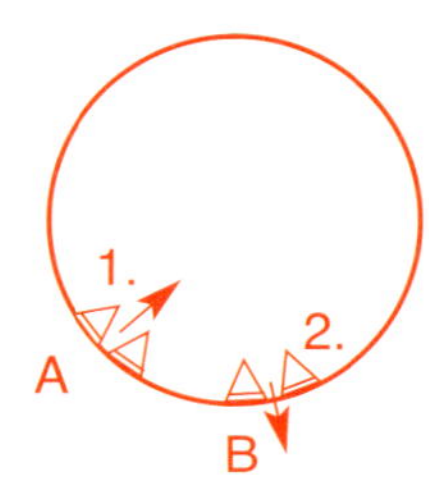

Ganz feierlich heben wir zum Schluss unsere Laternen hoch.

Kommt der Mond

1 *Lasst die kleinen und großen Sterne mit Triangeln … und Glockenspielen nacheinander am Himmel aufleuchten.*

2 *Lasst den Mond mit Metallophonen ruhig und gemächlich am Himmel wandern.*

T: R. Hätni M: H. Langhans

P 25

Möseler Verlag, Wolfenbüttel

Begleitung 3x:

Laternenmusik

1 *Diese Melodie könnt ihr auf einem Orff-Instrument oder mit Blockflöte spielen:*

M: R. Fernandez

2 *Das ist die Begleitung für die Laternenmusik.*
Spielt leise, damit die Melodie gut zu hören ist.

M: R. Fernandez

P 26

3 *Zieht zur Musik mit euren Laternen durch das Schulhaus.*

Das Wolkenboot

T u. M: D. Kreusch-Jacob

2. Leise auf und nieder,
schwebt das Wolkenboot.
Schau, der Stern dort drüben –
alles leuchtet rot!
Lalala … alles leuchtet rot!

3. Schweb ein bisschen weiter,
schau, wie gelb es wird.
Gelbe Schafe hütet
auf dem Stern ein Hirt.
Lalala … schau, wie gelb es wird!

4. Wolkenboot sinkt nieder
auf die dunkle Welt.
Bunte Sterne seh' ich
am blauen Himmelszelt.
Lalala … am blauen Himmelszelt.

P 27

Begleitung:

Im Schein der Kerzen

Wir sagen euch an den lieben Advent

T: M. Ferschl M: H. Rohr

P 28

2. Wir sagen euch an den lieben Advent. Sehet, die zweite Kerze brennt!
So nehmet euch eins um das andere an, wie auch der Herr an uns getan! …

3. Wir sagen euch an den lieben Advent. Sehet, die dritte Kerze brennt!
Nun tragt eurer Güte hellen Schein weit in die dunkle Welt hinein! …

4. Wir sagen euch an den lieben Advent. Sehet, die vierte Kerze brennt!
Gott selber wird kommen, er zögert nicht. Auf, auf, ihr Herzen, und werdet licht! …

Spielt bei den Adventskerzen auf Stabspielen (Klingenden Stäben):

Atemspiele mit „Adventskerzen“

1 *Wir blasen so vorsichtig, dass die Kerze brennen bleibt.*

2 *Wir blasen aus verschiedenen Entfernungen.*

3 *Wir blasen die Kerze aus und pusten den Rauch hoch in die Luft.*

Weihnachtsboten

Lasst uns froh und munter sein

T u. M: aus dem Hunsrück

P 29

2. Dann stell ich den Teller auf. Niklaus legt gewiss was drauf. Lustig …
3. Wenn ich schlaf, dann träume ich: Jetzt bringt Niklaus was für mich. Lustig …
4. Niklaus ist ein guter Mann, dem man nicht g´nug danken kann. Lustig …

Nikolaus

T u. R: R. Schuhmann

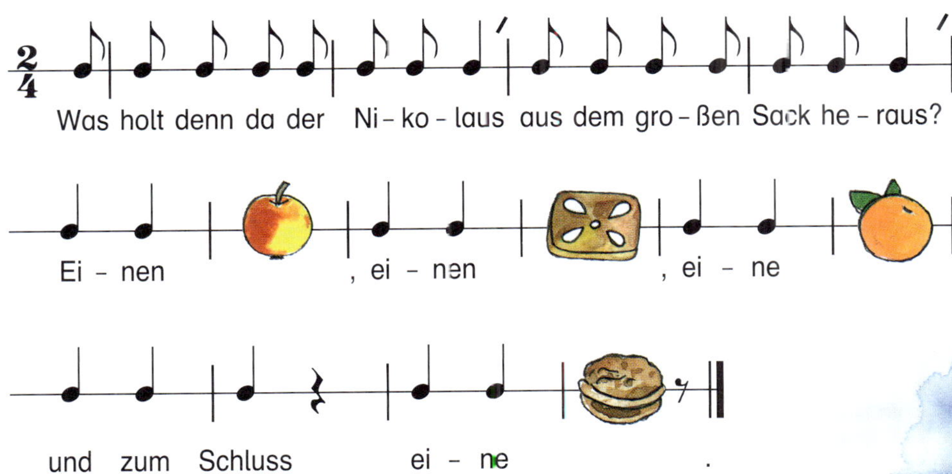

1 *Verwendet für diese Wörter zusätzlich Klanggesten.*

2 *Ersetzt die Wörter vollkommen durch die Klanggesten.*

Nikolausgeschichte

Der Nikolaus kommt die Treppe herauf.
Seine Schritte hören wir immer lauter.
Er klopft an die Türe und tritt ein.
Äpfel, Nüsse und Süßigkeiten
purzeln aus dem Sack.
Alle Kinder singen das Lied.
Danach poltert der Nikolaus
wieder die Treppe hinunter.
Bald ist er nicht mehr zu hören.

■ *Spielt die Nikolausgeschichte auf Instrumenten.*

Heiliger Nikolaus

T u. M: W. Fanderl

2. Hast in dein Sackerl drinn Apferl und Kern,
viel Nussn und Feign, mei, de mag i gern!

3. Sag zu dein Kramperl glei, bin no so kloa,
er derf mi fei ja net in Sack einitoa!

P 30

Ihr Kinderlein, kommet

T: Ch. V. Schmid M: J. A. P. Schulz

P 31

Die Hirten machen sich auf den Weg nach Bethlehem.

Unterdessen wiegt Maria ihr Kind in den Schlaf …

1 *Hört die Einleitung zur „Weihnachtsgeschichte“ von Carl Orff (1895-1982) und Gunild Keetman (1904-1990). Bewegt euch passend zur Musik – als Hirten oder als Maria.* 19-21

2 *Ordnet den verschiedenen Teilen des Musikstücks entsprechende Instrumentenkärtchen zu.* 19

3 *Wie endet die Geschichte? Das Musikstück erzählt es euch …* 19

Weihnachtsklänge

Lasst die Glocken all erklingen

T u. M: R. Schuhmann

2. Lasst die Instrumente klingen, lasst sie klingen weit und breit.
Lasst uns allen Freude bringen in der weihnachtlichen Zeit.

3. Zündet an am Kranz (Baum) die Kerzen, lasst sie leuchten weit und breit.
Lasst sie leuchten in die Herzen in der weihnachtlichen Zeit.

P 32

Begleitung:

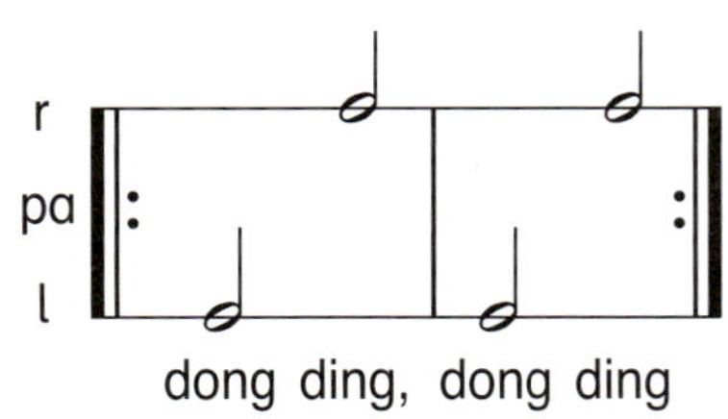

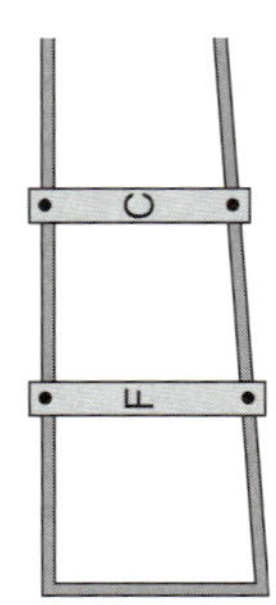

Glockenmusik mit Klingenden Stäben

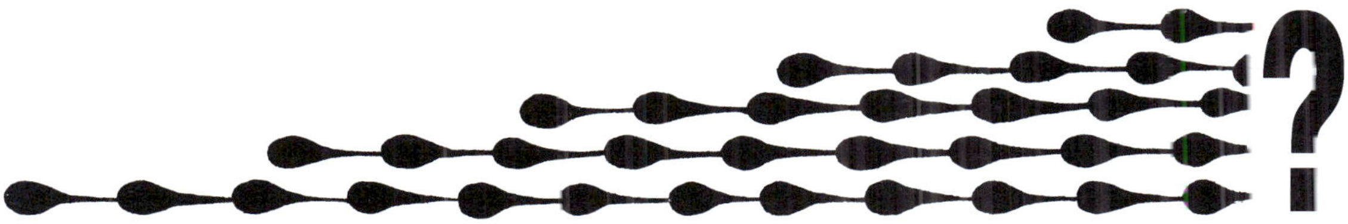

Klingende Stäbe, deren Töne zum Lied passen:

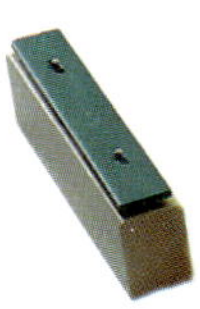

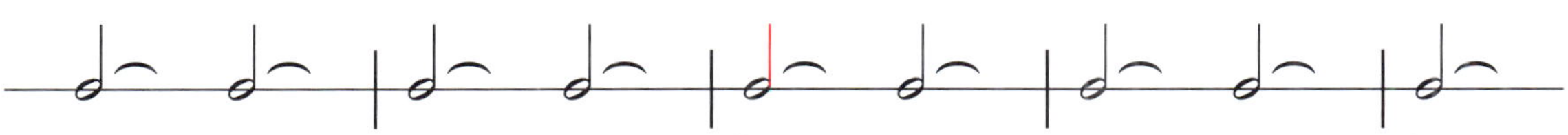

Lied

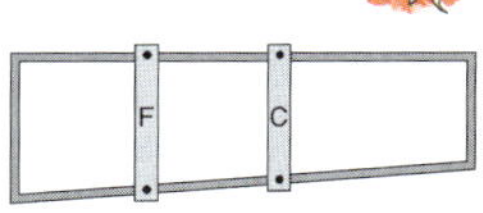

Begleitung

Glocken
erklingen
nach und nach.

Glocken
verstummen
nach und nach.

Weihnachtszeit, Weihnachtsfreud

Jesus ist geboren. Die Engel verkünden den Hirten die frohe Botschaft.

Zu Bethlehem geboren

T u. M: aus Köln

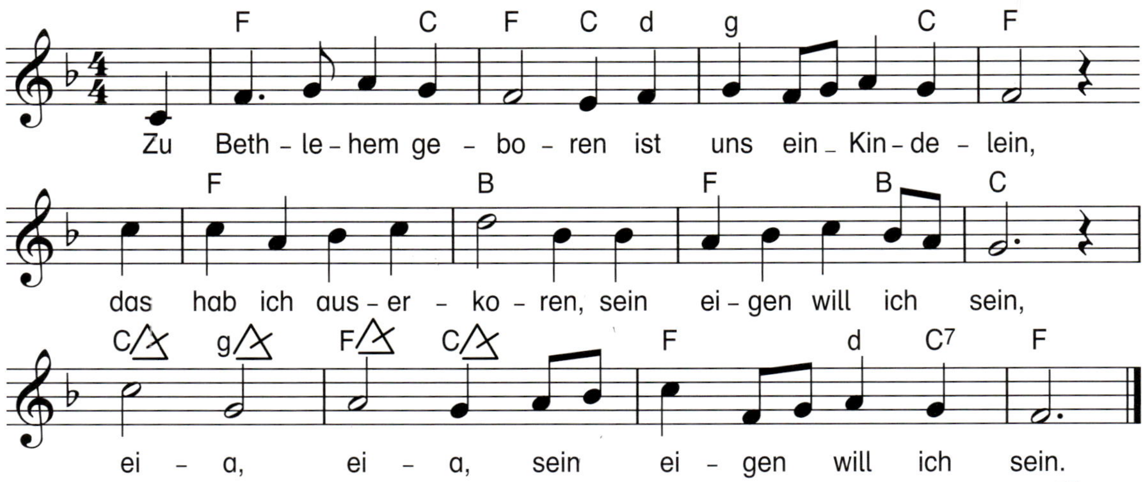

P 33

Begleitung:

Heut kam ein Engel

Dt. T: A. Strube M: aus Ungarn

2. Nehmt eure Habe, greifet zum Stabe,
   Hirten eilt! Hirten eilt!
   Und laufet alle hin zu dem Stalle,
   Hirten eilt! Hirten eilt!

3. Lasset uns loben den Vater droben,
   Gloria! Gloria!
   Den Menschen allen ein Wohlgefallen,
   Gloria! Gloria!

Verlag Merseburger, Kassel

P 34

Begleitung: XYL

(6. Takt Pause)

und

(6. Takt Pause)

Die Menschen tanzen und singen vor Freude.

Kinder, Kinder, tanzt und singt!

Dt. T: L. Holzmeister M: aus Böhmen

P 35

2. Glockenspiel und Xylophon
geben rechten Weihnachtston.
Flöten, Geigen sind dabei.
Bläst ein Hirt vielleicht Schalmei?
Hei, don, didel, …

Begleitung:

Alle fangt an, wer singen kann

T u. M: aus Oberbayern

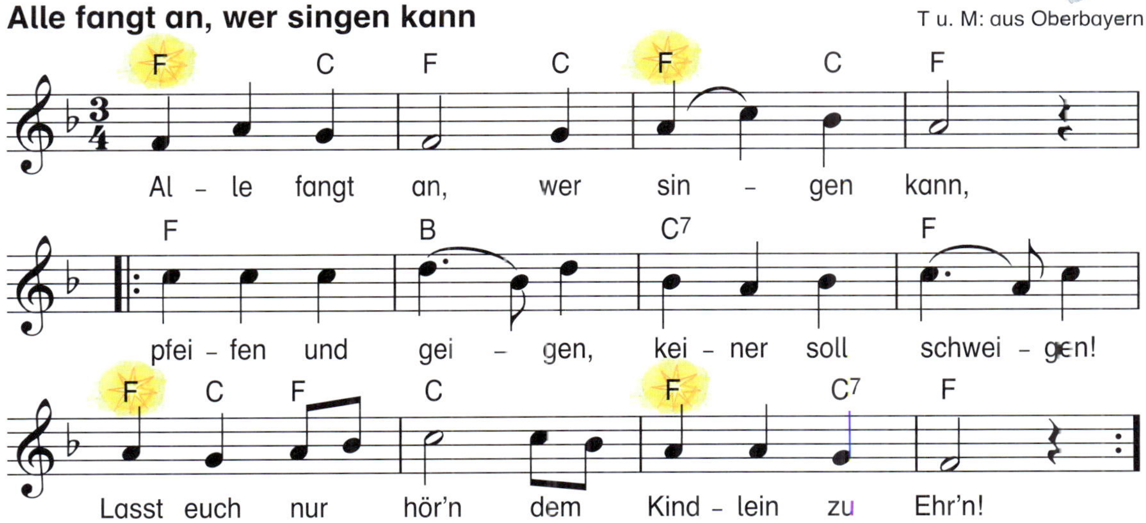

P 36

Mit diesen vier Liedern könnt ihr ein kleines Weihnachtsspiel gestalten.

Begleitung beim :

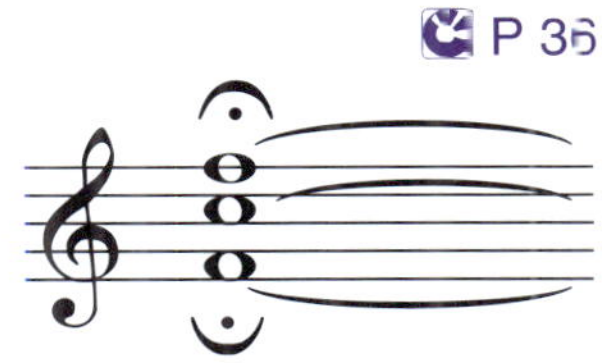

Seht ihr den Stern?

Ein Weihnachtsspiel

Wir sind die Hirten

T u. M: R. Schuhmann

Vorspiel und Begleitung:
(Die Hirten nähern sich.)

2. Wir sind die Hirten. Wir zieh'n durch Nacht und Wind
und wollen seh'n das kleine Kind.

P 37

Hirte 1: Halt, bleibt doch stehen! *(Die Hirten bleiben stehen.)*

Hirte 2: Wo sind wir denn eigentlich? Ich kenne mich nicht mehr aus.

Hirte 3: Kein Wunder bei der Dunkelheit!

Hirte 4: Ich fürchte, wir haben die Richtung verloren.

(Tremolo) *(Geht weiter bis zum Lied.)*

Hirte 1: Da, schaut doch zum Himmel!

Hirte 2: Seht den Stern! Ist der hell!

Hirte 3: Den habe ich noch nie gesehen. Schaut, er wird immer noch heller.

Hirte 4: Ich glaube, der soll uns zum Stall nach Bethlehem führen.

Seht ihr den Stern?

Vorspiel und Begleitung:

2. Seht ihr das Licht, das die Nacht durchbricht?
Lieber heller, klarer Stern, zeig den Weg nach Bethlehem.
Seht ihr das Licht, das die Nacht durchbricht?

3. Seht ihr den Schein? Muss ein Wunder sein.
Lieber heller, klarer Stern, zeig den Weg nach Bethlehem.
Seht ihr den Schein? Muss ein Wunder sein.

P 38

Hirte 1: Also das, was wir vorhin erlebt haben, geht mir nicht aus dem Sinn.
Hirte 2: Das war wie ein Traum.
Hirte 3: Vielleicht haben wir wirklich alle nur geträumt. Das mit dem Engel … und mit dem Stall in Bethlehem … und mit dem Kind in der Krippe …
Hirte 4: Ach was! Wir können doch nicht alle das Gleiche geträumt haben.
Hirte 5: Und außerdem ist da der Stern.
Hirte 6: Kommt! Lasst uns weitergehen. Der Stern wird uns führen.

Wir ziehen weiter

Vorspiel und Begleitung:

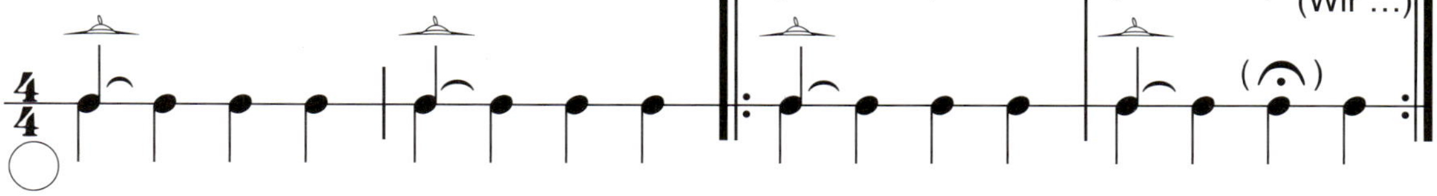

P 39

2. Und bringen dann dem Kind im Stall all unsre kleinen Gaben.
Wir schenken ihm von Herzen gern von allem, was wir haben.

Nachspiel (Hirten verschwinden allmählich):

Heller Stern, klarer Stern

Vorspiel / Zwischenspiel:

Lied:

P 40

2. Heller Stern, klarer Stern, bist du uns auch noch so fern,
leuchte über unserer Erd', dass Friede überall werd!

Nachspiel:

Begleitung:

1 *Bildet mit dem Chor einen Halbkreis um den Platz, auf dem die Hirten verweilen. Alle Lieder werden von den Hirten und dem Chor gemeinsam gesungen.*

2 *Bastelt gemeinsam einen großen Stern, der über der Spielfläche angebracht wird.*

Allerlei Blockflöten

Sopranflöte Altflöte Tenorflöte Bassflöte

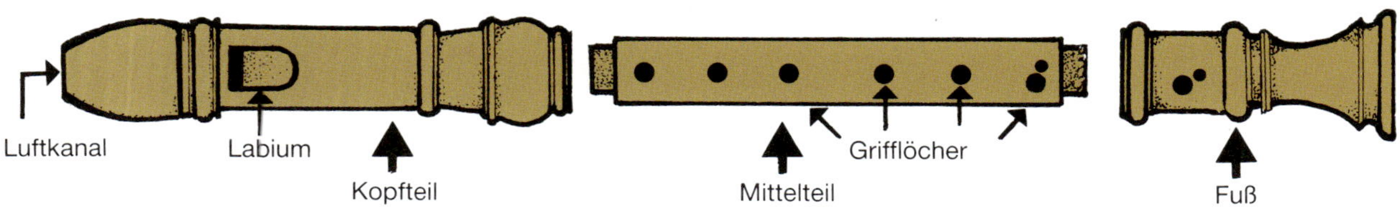

1 *Hört in der Geschichte verschiedene Blockflöten. Sprecht über ihren Klang.* 22

2 *Macht mit Blockflötenköpfen Musik.*
Versucht es auch nur mit der Stimme.

Kleine Musik für Blockflötenköpfe

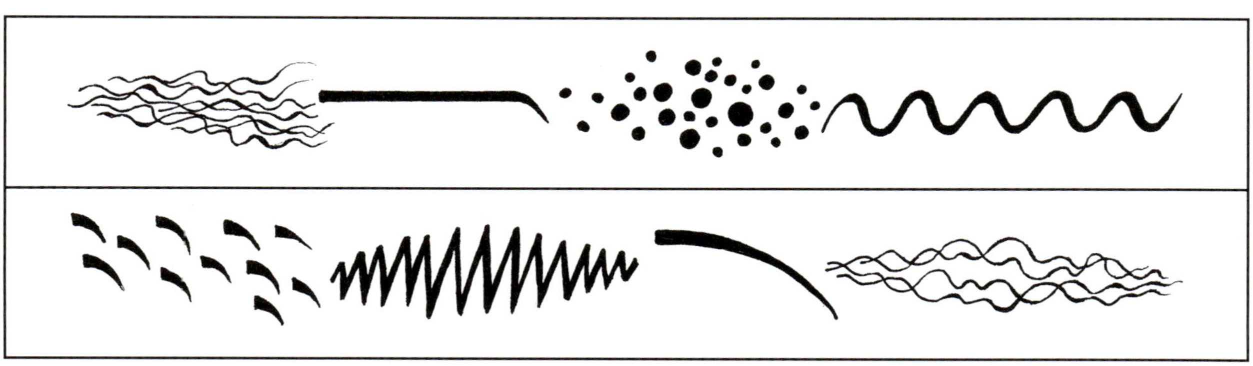

3 *Hört ein Musikstück für Blockflöte.* 23

Geigenwerkstatt

Was macht meine kleine Geige?

T. u. M.: überliefert

P 41

1 *Sprecht über den Bau einer Violine (Geige). Ordnet zu:*

Schnecke
Wirbel (zum Stimmen)
Hals
Saiten
Klangkörper
Schalllöcher
Steg
Kinnhalter
Bogen

2 *Vergleicht den Klang.*

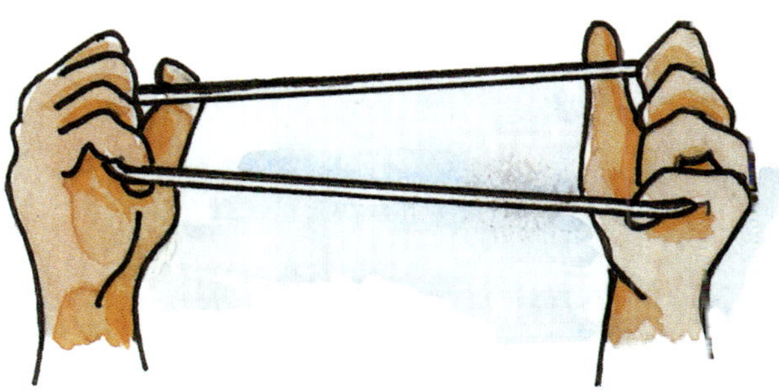

Spannt einen Gummiring zwischen zwei Hände. Zupft mit dem Daumen an dem straff gespannten Gummi.

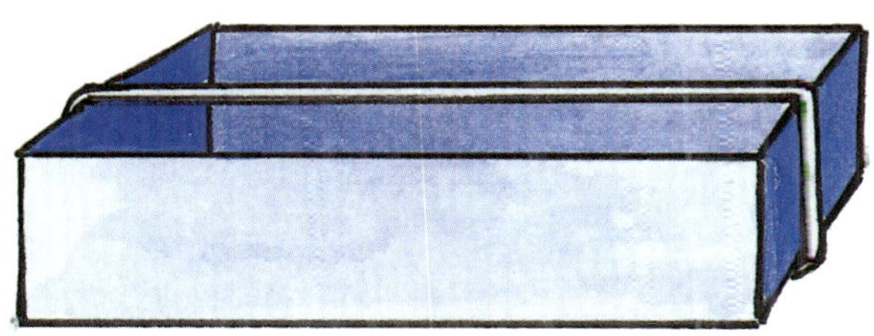

Spannt den Gummiring über eine Schachtel. Zupft an dem Gummi. Verwendet auch mehrere Gummis.

3 *Hört ein Musikstück für Violine.* 24

4 *Ladet einen Violinspieler ein.*
Lasst euch vorführen, wie man auf dem Instrument spielen kann.

Notenreise

T u. R: R. Schuhmann

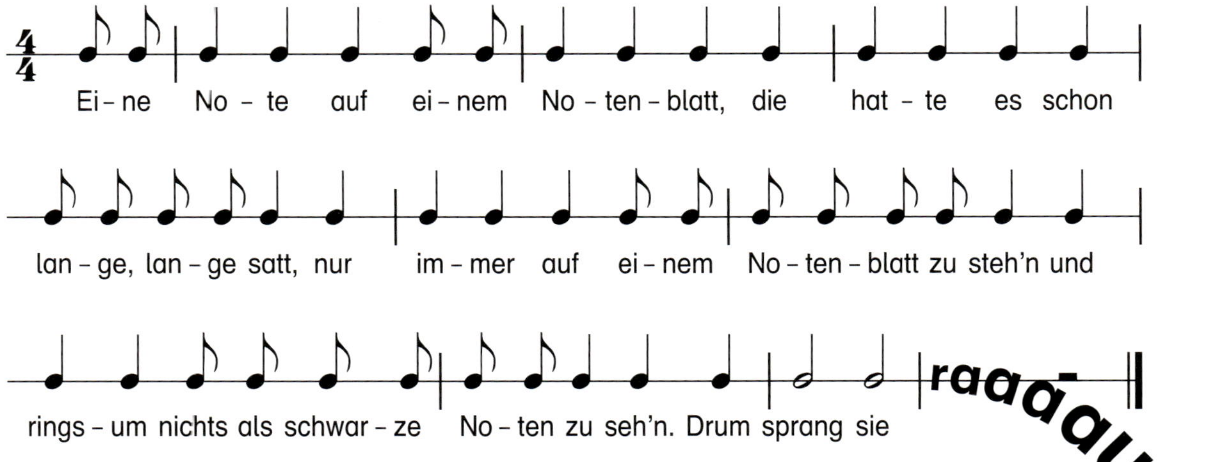

… und machte sich auf den Weg.

1 *Ordnet diese Bilder der Geschichte von der Notenreise zu.* 25

2 *Legt die Reihenfolge der beiden Notenreisen mit Kärtchen.* 26, 27

3 *Denkt euch auch andere Notenreisen aus und macht sie mit Stimme oder Stabspielen hörbar.*

Am Klavier kann man besonders deutlich verschiedene Tonhöhen erleben.

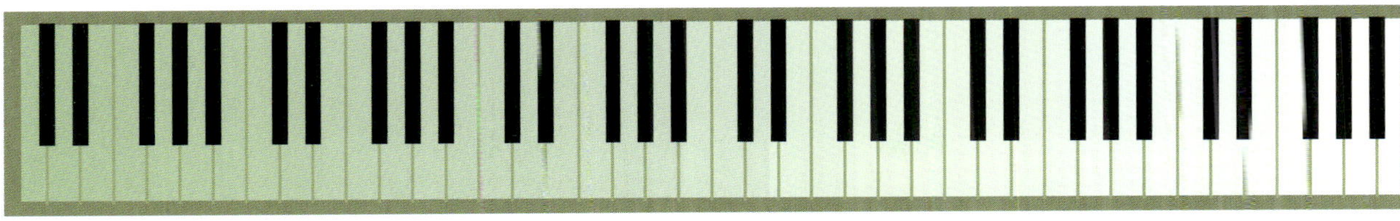

Orchesterspiel 1

Die Schlaginstrumente werden in eine Gruppe mit tief und eine mit hoch klingenden Instrumenten aufgeteilt. Ein Spielführer mit Kärtchen zeigt an, welche Gruppe jeweils spielen soll.

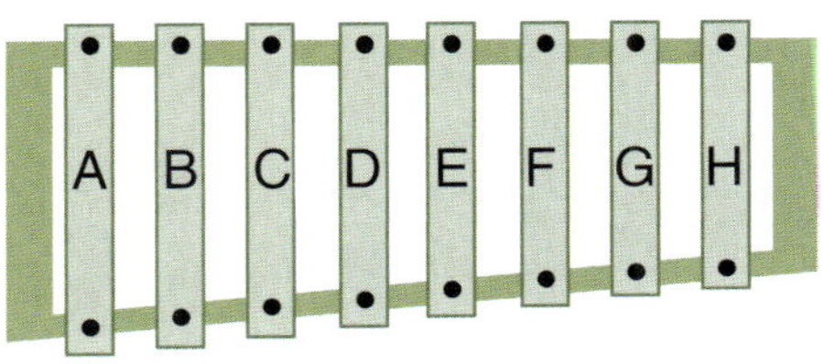

Orchesterspiel 2

Alle spielen nach Zeichen des Spielführers hohe oder tiefe Töne auf Stabspielen.

Bewegungsspiele

- Alle bewegen sich im Raum im Wechsel nach Triangel- und Paukenklängen.
- Es werden zwei Gruppen gebildet. Die eine Gruppe bewegt sich nur zu Triangelklängen, die andere nur zu Paukenschlägen.
- Alle bewegen sich zu einer „Hoch-Tief-Musik". 28

Steigen wir die Treppe rauf

T u. M: R. Schuhmann

P 42

Hurra, der erste Schnee

Juchhe, juchhe

T u. M: K. Marx

2. Juchhe, juchhe, erstarrt sind Bach und See!
Herbei von allen Seiten auf´s glitzerblanke Eis,
dahin, dahin zu gleiten nach alter froher Weis!

3. Juchhe, juchhe, jetzt locken Eis und Schnee!
Der Winter kam gezogen mit Freuden mannigfalt,
spannt seinen weißen Bogen weit über Feld und Wald.

P 43

Begleitung:

Schneemann, weißer Mann

A, a, a, der Winter, der ist da

T u. M: volkstümlich

2. E, e, e, er bringt uns Eis und Schnee,
malt uns gar zum Zeitvertreiben
Blumen an die Fensterscheiben.

3. O, o, o, wie sind die Kinder froh!
Sehen jede Nacht im Traume
sich schon unterm Weihnachtsbaume.

4. U, u, u, jetzt weiß ich, was ich tu.
Hol den Schlitten aus dem Keller
und dann geht es schnell und schneller.

P 44

Unser Schneemann

T u. M: H. Poser

P 45

2. Einen blauen Topf
hat er auf dem Kopf,
das ist sein neuer Hut
und der gefällt ihm gut.

3. Unser Schneemann weint,
wenn die Sonne scheint,
das ist ihm gar nicht recht,
denn das bekommt ihm schlecht.

Begleitung:

Fidula-Verlag, Boppard/Rhein und Salzburg

Spuren im Schnee

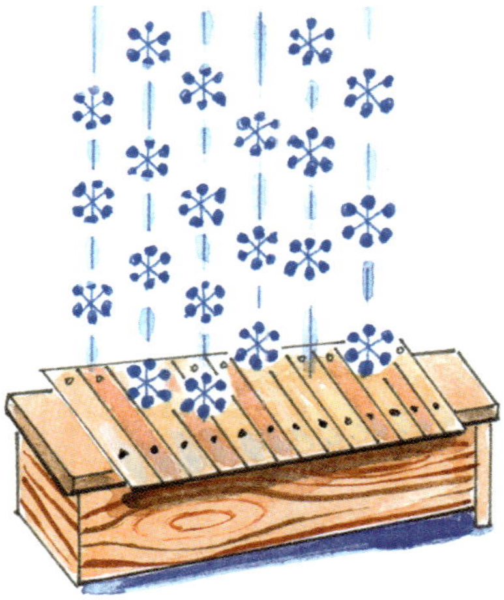

1 *Schneeflocken fallen einzeln auf das Xylophon.*

Schneeflocken wirbeln über das Xylophon.

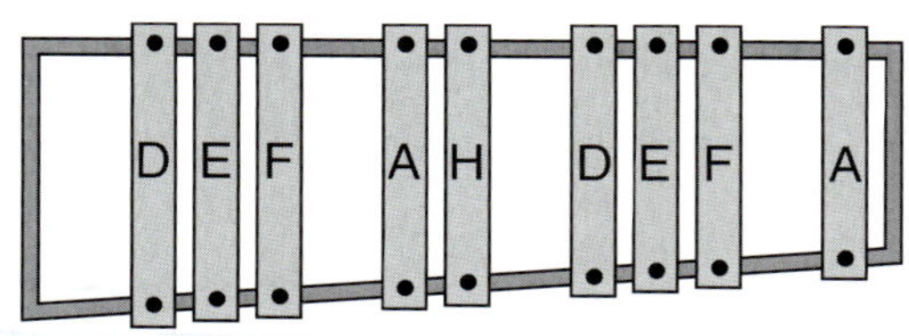

2 *Diese Tierspuren könnt ihr zum Klingen bringen.*

Wie das wohl klingt?

Spuren im Schnee

T: M. Kruse M: H. Lemmermann

P 46

Fidula-Verlag, Boppard/Rhein und Salzburg

Begleitung:

Heißa, eine Schlittenfahrt

1 *Dieses Bild erzählt eine Geschichte.*

2 *Das Mädchen am Wegrand kann vieles hören.*

3 *Erfindet eine Musik, die zu der Schlittenfahrt passt.*

♪ ♪ ♪ ♪ ♪ ♪ ♪ ♪
Hört das Tra - ben mit den Hu - fen,

♪ ♪ ♪ ♪ ♪ ♪ ♩
weit ent - fernt der Glo - cken Klang.

♪ ♪ ♪ ♪ ♪ ♪ ♪ ♪
Hört ihr auch die Schlit - ten - ku - fen

♪ ♪ ♪ ♪ ♪ ♪ ♩
auf dem schnee - be - deck - ten Hang?

4 *Hört ein Musikstück aus Leopold Mozarts „Musikalischer Schlittenfahrt."* 29

5 *Spielt mit. Verwendet dazu:*
- *Körperinstrumente und Stimme*
- *Passende Schlaginstrumente* 29

Schlittenfahren

T u. M: B. Häublein und E. Schellfold

P 47

Faschingstreiben

Rums dideldums T: K. Wilke M: W. Stumme

(Nach der 1. und 2. Strophe folgt der Zwischenteil.)

2. Rums dideldums didel Fidelbogen, heute wird durch´s Dorf gezogen. Keiner soll uns Narren kennen, uns bei unser´m Namen nennen.

3. Rums dideldums didel Paukenschlag, heute zähl´n wir jeden Tag, bis das alte Jahr verklingt, uns die neue Fasnacht bringt.

P 48

Zieht zum „Rums dideldums" durch das Schulhaus. Zum Zwischenteil könnt ihr euch selbst etwas ausdenken: auf einem Bein hüpfen, rückwärts gehen, Grimassen schneiden …

Zwischenteil zum Lied „Rums dideldums“:

Begleitung für Lied und Zwischenteil:

Leit, Leit, Leitl, miaßts lusti sein (Zwiefacher)

T u. M: aus Bayern

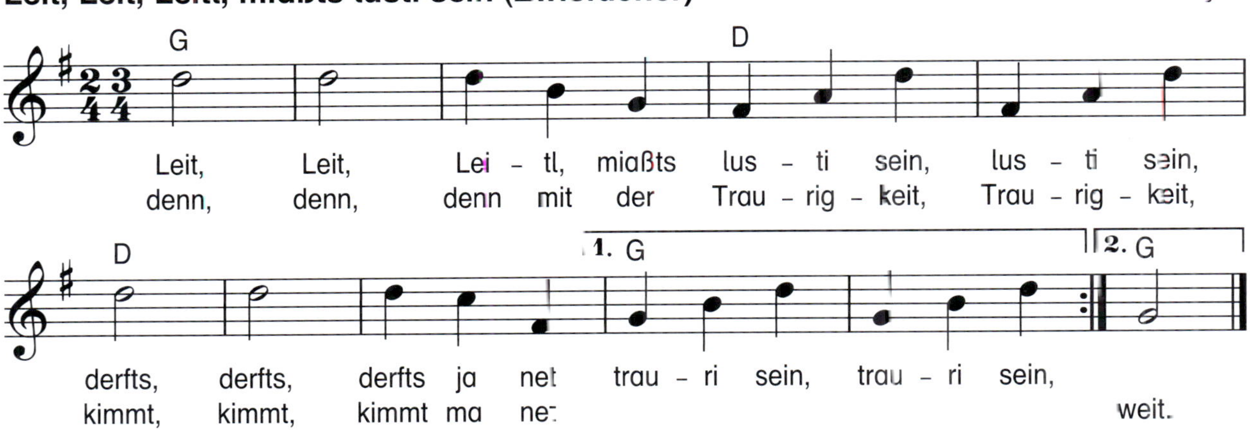

Stampft und klatscht dazu.

P 49

Carnaval de Arequipa

Tanz aus Peru

A-Teil

„Heut' tanzen in Arequipa fröhlich alle Leut,
woll'n alle singen und lachen, Karneval ist heut."

Aus ihren Häusern kommen singend die Kinder gesprungen, um auf dem Dorfplatz zu tanzen. Abwechselnd hüpfen und winken sie mit ihren bunten Tüchern. Hört ihr es? Macht mit.

B-Teil

Die Kinder haken sich bei einem Partner ein, hüpfen einmal rechts, einmal links herum und schwenken dabei ihre Tücher.

C-Teil

Zwei oder mehrere Paare bilden Tore. Alle Kinder laufen paarweise durch die Tore.

Danach beginnt alles von vorne.

30

Le bastringlo

Tanz aus Frankreich

Vorspiel: 8 Taktschläge

A-Teil

Patscht 5-mal auf die eigenen Schenkel.

A-Teil (Fortsetzung)

Klatscht 3-mal in die Hände des Partners.

Den gesamten A-Teil müsst ihr 4-mal wiederholen.

B-Teil

Nehmt euren Partner bei den Händen oder hakt euch ein. Tanzt nun mit Hüpfschritten im Kreis und sucht euch anschließend schnell einen neuen Tanzpartner.

31

Im Instrumentenkreis

Was machen wir im Kreise hier?

T u. M: R. Schuhmann

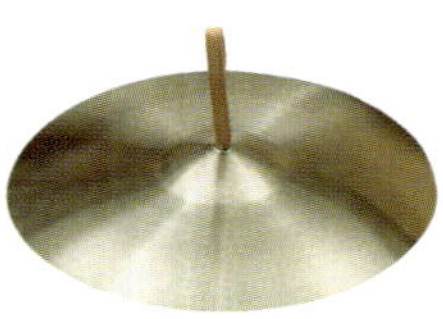

P 50

Klangwanderungen

Alle Mitspieler sitzen im Kreis mit diesen Instrumenten.
Ringsum spielt einer nach dem anderen einen Schlag.

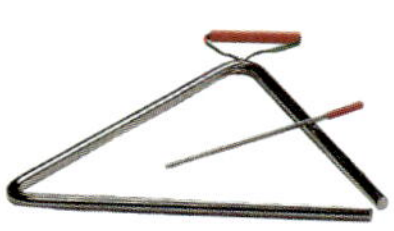

1 *Der Schlag wandert gleichmäßig.*

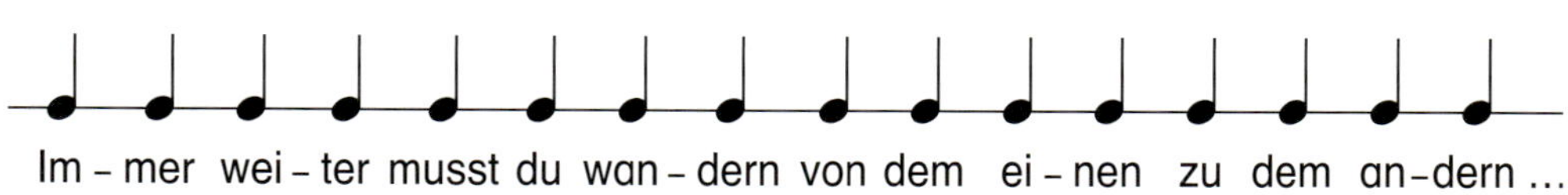

2 *Jeder muss mit seinem Schlag so lange warten, bis das Instrument des vorhergehenden Mitspielers verstummt ist.*

3 *Denkt euch noch andere Klangwanderungen aus.*

Suchspiel
Jeder hat ein Schlaginstrument. Ein Kind verlässt den Raum.
Dann wird ein Gegenstand versteckt. Das Kind wird hereingerufen.
Es muss den Gegenstand suchen.
Alle helfen ihm dabei mit dem Instrument.

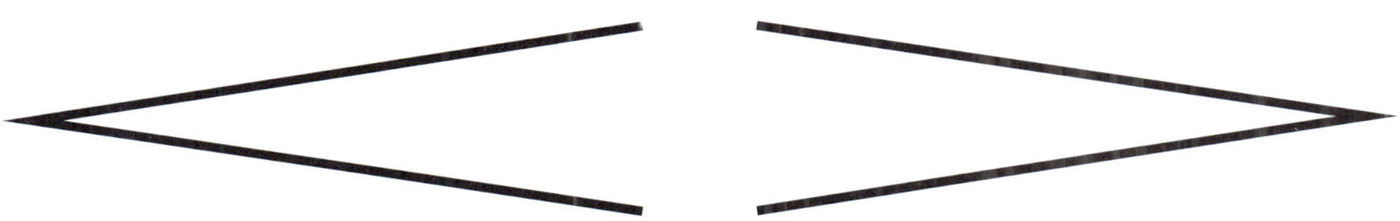

Detektivspiel
Alle Mitspieler haben eine Flasche und einen Kieselstein.
Ein Kind (der Detektiv) verlässt den Raum.
Es wird ein Anführer bestimmt, der ständig die Spielart wechselt.

Alle müssen wie der Anführer spielen, ohne diesen zu verraten.
Der Detektiv muss den Anführer herausfinden.

Pljeskavac

Tanz aus Serbien

■ *Übt die Schritte zunächst ohne Musik. Diese ist nämlich sehr schnell.*

Takt:	**A-Teil: Zick-Zack** (Front zur Kreismitte) – Bild ① und ②
1	*zwei Schritte diagonal rechts vorwärts R L*
2	*drei Schritte am Platz R L R (kurz, kurz, lang)*
3	*zwei Schritte diagonal rechts rückwärts L R*
4	*drei Schritte am Platz L R L (kurz, kurz, lang)*
5–8	*Takt 1–4 wiederholen*
	B-Teil: Stampf und Klatsch – Bild ③ und ④
1	*zwei Schritte gerade vorwärts zur Kreismitte R L*
2	*drei Schritte am Platz, etwas gestampft R L R (kurz, kurz, lang)*
3	*zwei Schritte rückwärts L R*
4	*dreimal in die eigenen Hände klatschen (kurz, kurz, lang)*
5–8	*Takt 1–4 wiederholen*

Tanzbeschreibung: M. Hepp, Fidula-Verlag, Boppard/Rhein und Salzburg

32

Schmetterlingstanz

1 *Tanzt zum* **A-Teil** *wie schwebende Schmetterlinge im Raum.* 33

2 *Bildet zum* **B-Teil** *einen Kreis.*
Schwebt wie Schmetterlinge mit erhobenen Armen auf die Blume zu (8 Schritte zur Kreismitte) und lasst euch darauf sinken (8 Schritte wieder zurück). 33

3 *Wie könnt ihr die Teile der Musik legen?* 33

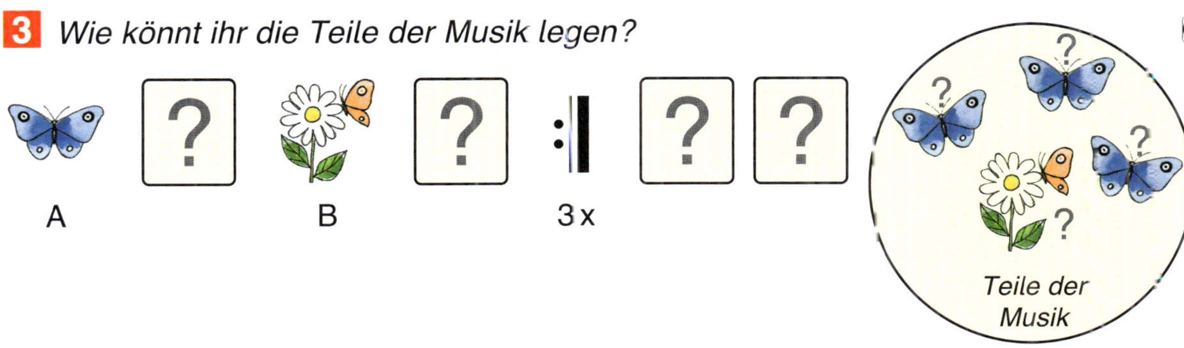

Falter flattern

Flattern weiße Falter

T: I. v. Faber du Faur M: H: Bergese

T: Verlag Werner Dausien, Hanau
M: Möseler Verlag, Wolfenbüttel

Begleitung:
XYL

P 51

1 *Alle Wiesentiere singen immer wieder gemeinsam das Falterlied.*

2 *Als Zwischenmusik erklingt die Musik der Falter, Hummeln, Grashüpfer …*
Ihr könnt sie auf Stabspielen und kleinem Schlagwerk erfinden.

Schmetterlingsmusik

Schmetterlinge schweben durch die Luft.
Mal schnell, mal langsam flattern sie zu den Blüten.
Vom Nektar angelockt, lassen sie sich darauf nieder.
Immer wieder saugen sie an den neuen Blüten.

■ Spielt mit Schlägeln den flatternden Schmetterling.

B. Häublein und E. Scherfold

Die Tulpe

von Josef Guggenmos

Da hat ihr der Frühling
entgegengelacht!

Von Neugier gepackt,
hat die Zwiebel einen
langen Hals gemacht
und um sich geblickt
mit einem hübschen
Tulpengesicht.

Was singen die Vögel da droben
und jauchzen und toben?

Was ist das für ein Gemunkel,
was ist das für ein Geraune,
dachte die Zwiebel –
plötzlich erwacht.

Dunkel
war alles und Nacht.
In der Erde tief
die Zwiebel schlief,
die braune.

1 *Überlegt, wo das Gedicht beginnt.*

2 *Stellt das Gedicht in der Bewegung dar.*

3 *Erfindet mit Instrumenten ein Musikstück über das Gedicht.*

Singend in den Frühling

Hört ihr den Vogel schrei´n

T u. M: F. Kukuck

P 53

Fidula-Verlag, Boppard/Rhein und Salzburg

Begleitung mit F und C

Singt ein Vogel

T u. M: H. Lau

2. Blüht ein Blümlein, blüht ein Blümlein, blüht im Märzenwald …
3. Scheint die Sonne, scheint die Sonne, scheint im Märzenwald …

P 54

Möseler Verlag, Wolfenbüttel

Begleitung bei der Vogelfeder auf Stabspielen (Klingenden Stäben):

April, April

T u. M: A. Wagner-Postel

P 55

Lied: Schott Musik International, Mainz

1 *Erfindet eine „Aprilwetter-Musik“: mal Regen und mal Sonnenschein … !*

Im April

T u. R: W. Keller

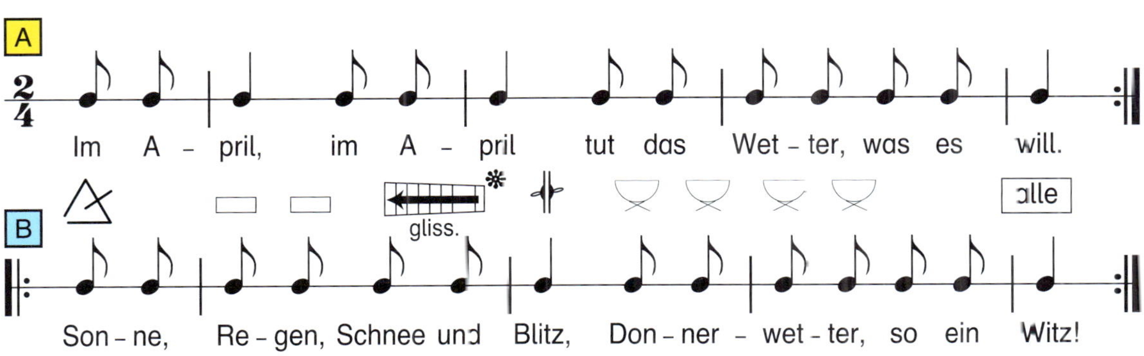

Ablauf:

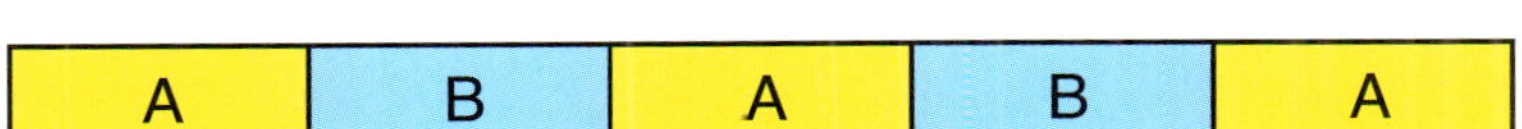

(* Den Schlägel locker über das Glockenspiel gleiten lassen.)

Fidula Verlag, Boppard/Rhein und Salzburg

2 *Erfindet zum Teil A eine Melodie.*

Frühlingswiese

1 *Wir erzählen die Geschichte mit den Händen auf dem Rücken des Partners.*

Früh am Morgen weckt die Sonne mit ihren wärmenden Strahlen die Tiere auf der Wiese. Langsam erwacht die Raupe, streckt sich, zieht sich zusammen … bis sie ihre ersten Blätter gefunden hat. Nun knabbert sie genüsslich am Blattrand entlang.

Der Tausendfüßler streckt jeden einzelnen Fuß. Er muss sich beeilen, denn er trägt die Post für die Wiesentiere aus. Alle Grashüpferkinder machen sich auf den Weg zum Honigeisessen. Von links und rechts kommen die emsigen Ameisen herbei. Immer schön hintereinander rennen sie auf ihrer Straße. Allmählich dämmert es. Die Tiere legen sich zur Ruhe und decken sich mit Moos zu. Der Mond steigt auf und leuchtet rund und hell über der Wiese.

2 *Wir erzählen die Geschichte mit dem ganzen Körper.*

1 *Erzählt von den Käfern, wie sie aus dem Winterschlaf erwachen.*

2 *Erfindet Körperbewegungen der Käfer, die zu folgendem Rhythmus passen:*

Eure Bewegungen sind der A-Teil der Musik. 34

3 *Zum B-Teil hakt euch ein und tanzt wie auf einer Blumenwiese einmal links, einmal rechts herum.* 34

4 *Springt mit eurem Finger beim Hören der Musik wie der Grashüpfer vom Käfer zu den Blumen.* 34

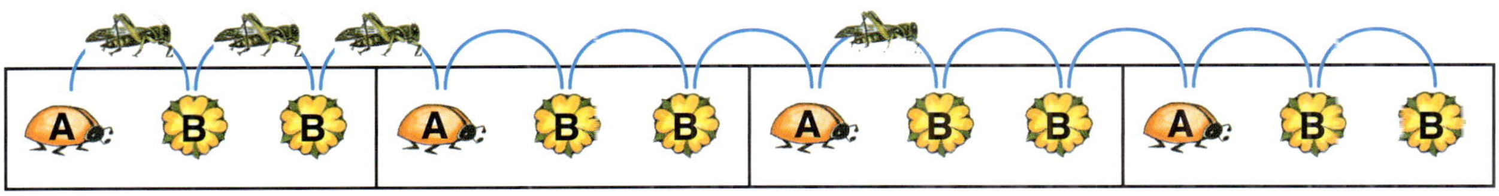

1 *Spielt auf Instrumenten, was alles zum Frühling gehört. Begleitet damit auch das Lied.*

Frühling ist´s

T, M u. Spielidee: G. Bächli

P 56

2 *Erfindet weitere Strophen und stellt sie dar, z. B.:*
Frühling ist´s, die Vögel pfeifen … Frühling ist´s, die Falter schweben …

3 *Begleitet zum Refrain:*

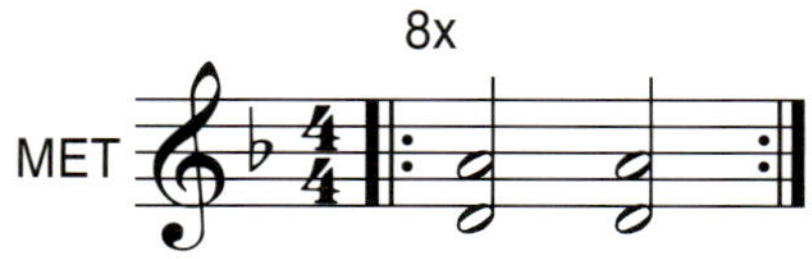

4 *Hakt euch zum Refrain ein und tanzt um die Frühlingssonne, die in der Mitte steht.*

Hummeln brummen

Vor über 100 Jahren hat der russische Komponist Nikolaj Rimsky-Korsakow (1844–1908) das Musikstück „Der Hummelflug“ komponiert.

1 *Hummeln und Bienen könnt ihr mit der Stimme nachahmen.*

2 *Bewegt euch als Hummeln zur Musik.*

3 *Malt die Wege der Hummeln auf großes Papier.*

35

4 *Auch mit den hier abgebildeten Gegenständen könnt ihr Bienen- und Hummelflüge erfinden.*

Im Märchengarten

Mach auf das Tor

T u. M: D. Kreusch-Jacob

2. Du bist allein, es ist so still,
der Wind summt in den Bäumen.
Am Himmel hoch ein Vogel kreist,
hier hast du Zeit zum Träumen!
Lalalalalalalalalala

3. Du kommst zu einem Märchenschloss,
dort wachsen dir entgegen
Dornröschens Rosen, weiß und rot.
Es fällt ein gold'ner Regen.
Lalalalalalalalalala

4. Die Zeit bleibt steh'n Die Grille geigt
in deinem Märchengarten.
Der Däumling schläft, Schneewittchen träumt
und sieben Zwerge warten.
Lalalalalalalalalala

5. Mach auf das Tor und geh hinaus,
die Sonne scheint und lacht.
Du gehst in deine Welt zurück –
hast du was mitgebracht?
Lalalalalalalalalala

P 57

Spielt auf Metallophonen und Xylophonen die folgende kleine Geschichte. Verwendet diese Töne:

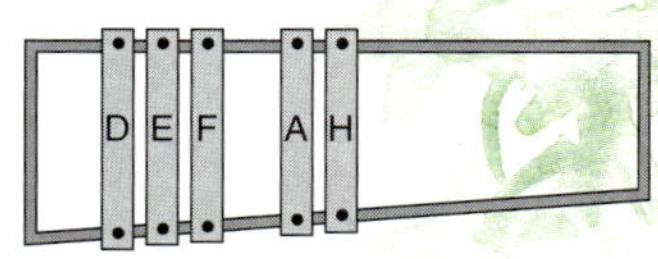

Das Tor zum Märchengarten öffnet sich:

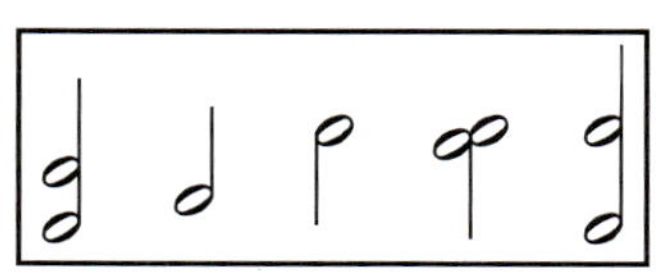

Zuerst kommen wenige Kinder. Allmählich folgen immer mehr:

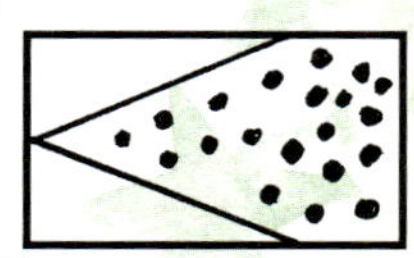

Wenn sie sich alles angesehen haben,
gehen sie nacheinander wieder aus dem Garten:

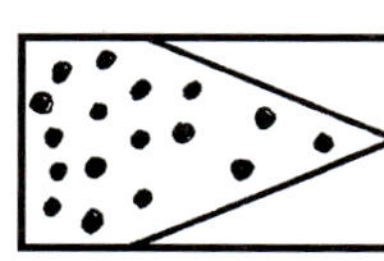

Das Tor schließt sich leise:

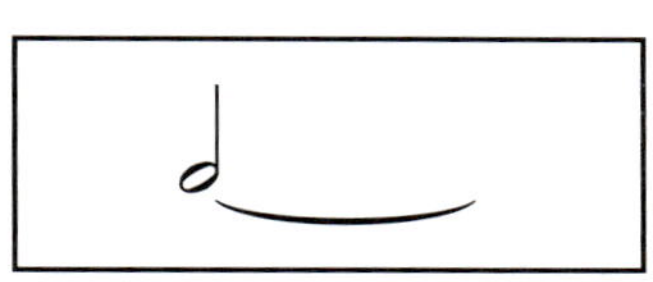

Knusper, knusper
Knäuschen,
wer knuspert
an mei'm Häuschen?

Spieglein,
Spieglein
an der Wand,
wer ist
die Schönste
im ganzen
Land?

Kikerikie! Kikerikie,
unsere goldene Jungfrau
ist wieder hie!

Bäumchen rüttle
dich und
schüttle dich,
wirf Gold und
Silber über mich.

Ach, wie gut,
dass niemand weiß,
dass ich
Rumpelstilzchen
heiß.

1 *Versucht herauszubekommen, aus welchen Märchen die Texte stammen.*

2 *Sprecht die Texte wie die Märchenfiguren.*

3 *Spielt zu den Texten auch mit passenden Instrumenten.*

4 *Versucht die Texte zu singen.*

5 *Bringt Märchenkassetten mit und hört sie gemeinsam an.*

Spaziergang durch den Tierpark

1 *Tiernamen kann man auch klatschen.*

2 *An den Gehegen mit den Tieren sollen die passenden Schilder angebracht werden.*

3 *In welche leeren Gehege bringt der Tierpfleger diese fünf Tiere?*

36

1 *Sprecht die Tierketten.*

2 *Tim und Tina sprechen oder klatschen gleichzeitig.*

3 *Spielt die Tierketten mit Körperinstrumenten: auf den Schenkeln, dem Brustkorb, den Schultern, den Backen …*

4 *Verwendet auch Schlaginstrumente.* 37, 38

Handtrommel

Schlagstäbe

Kugelrasseln

Holzblocktrommel

Lustige „Stabspielereien“

T u. R: R. Schuhmann

 Im Zoo, da ist es wunderschön,
da gibt´s für alle was zu seh´n. 

Der Affe turnt an einem Seil,
schwingt auf und ab aus Langeweil.

r
l

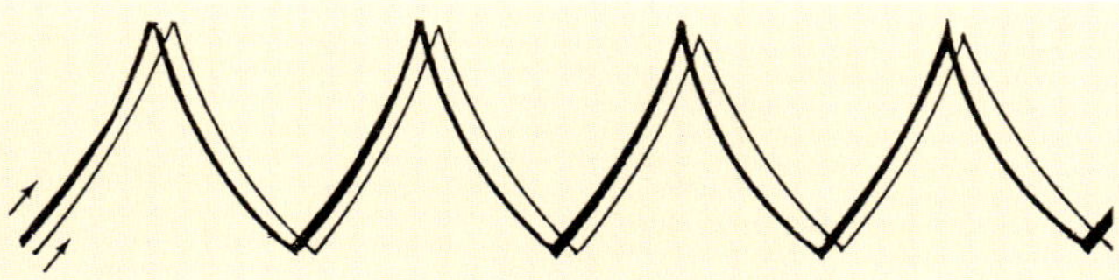

Der große, schwere Elefant,
der stapft gemütlich durch den Sand.

r
l

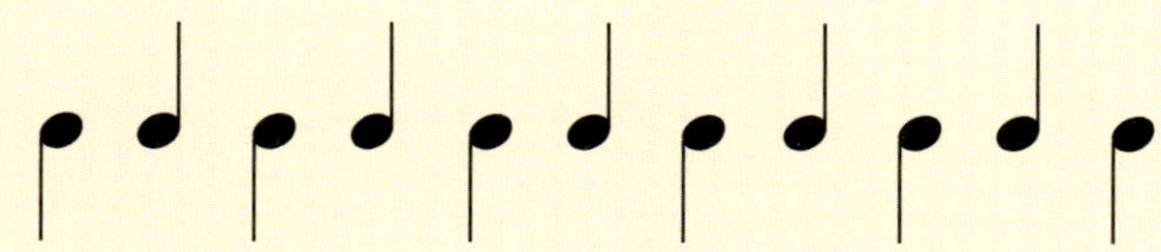

Das Ponypferdchen trabt geschwind,
es ist gar schneller als der Wind.

r
l

Das Känguru, das Känguru,
das springt vor Freude immerzu.

r
l

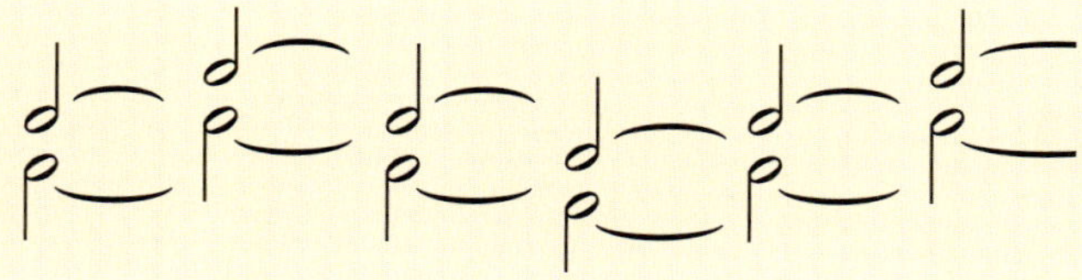

Der alte, braune Zottelbär,
der tappt im Käfig hin und her.

r
l

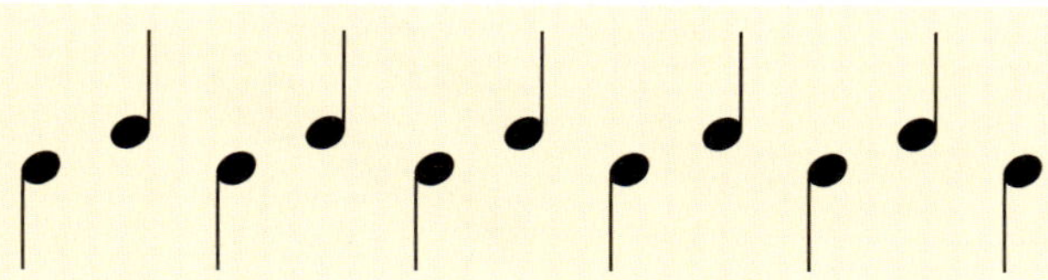

Die Gämse klettert rauf und runter.
Sie bricht sich nichts, das ist ein Wunder.

Das Fischlein im Aquarium,
das schwimmt den ganzen Tag herum.

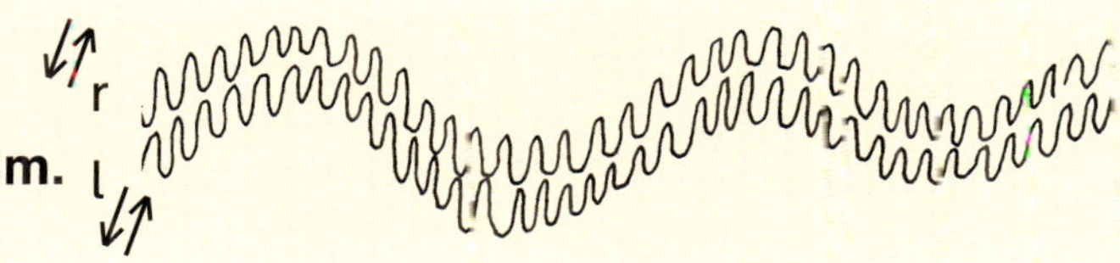

Dem Löwen knurrt der leere Magen,
zum Fressen könnt er was vertragen.

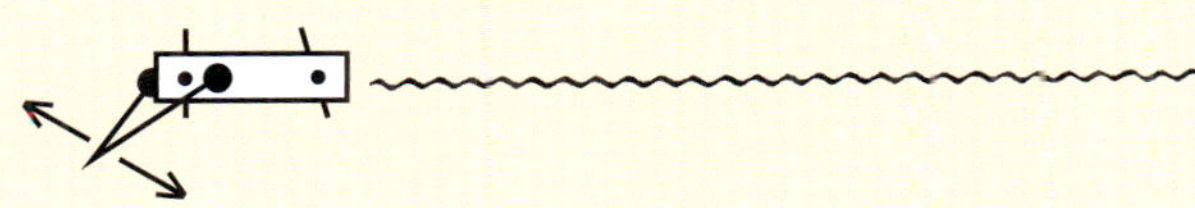

Das Krokodil, das Krokodil,
das ist ganz faul und gähnt gar viel.

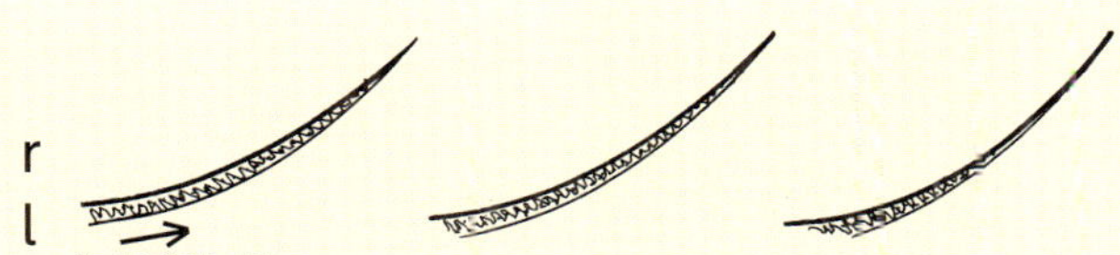

Nun ist der Zoospaziergang aus,
und alle gehen froh nach Haus.

Hinweise:

- *Verwendet sämtliche Stabspiele: Metallophone, Xylophone, Glockenspiele und zusätzlich Rhythmusinstrumente.*
- *Achtet darauf, wie euere beiden Hände spielen sollen.*

 *→ rechte Hand (r),*  *→ linke Hand (l)*

Elefantenparade

War einmal ein Elefant

T u. M: G. Kretzschmar

2. Elefant und Stachelschwein
liefen in den Wald hinein.
Sagt der Bär: „Nehmt mich doch mit,
dann sind wir zu dritt!"
O, la, lalala …

3. Kamen an ein kleines Haus,
Schnecke guckt zur Türe 'raus.
„Komm mit uns und bleib nicht hier,
dann sind wir schon vier!"
O, la, lalala …

P 58

Begleitung für Körper- und Rhythmusinstrumente:

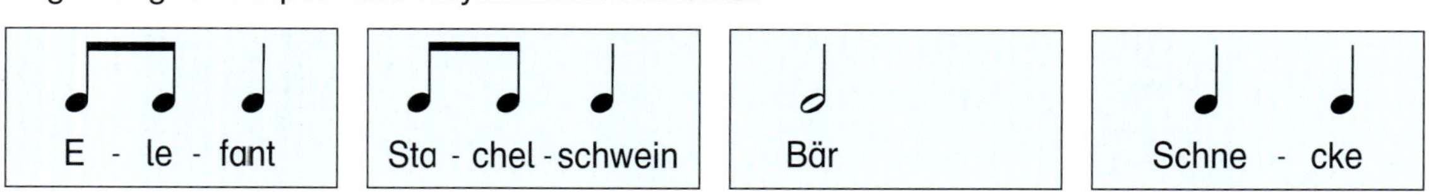

1 *Bewegt euch wie die Tiere im Lied.*

2 *Wie läuft der Elefant? Findet Eigenschaften: schwerfällig, langsam …*

3 *Erfindet eine Elefantenmusik. Verwendet dazu Pauke, Bass-Xylophon, Trommeln.*

Der französische Musiker Camille Saint-Saëns (1835-1921) hat auch eine Elefantenmusik komponiert.

39

4 *Tanzt zur Musik. Zeigt in euerer Bewegung, wenn sich die Musik verändert.*

5 *Mit den Bildkarten könnt ihr den Ablauf der Musik legen.*

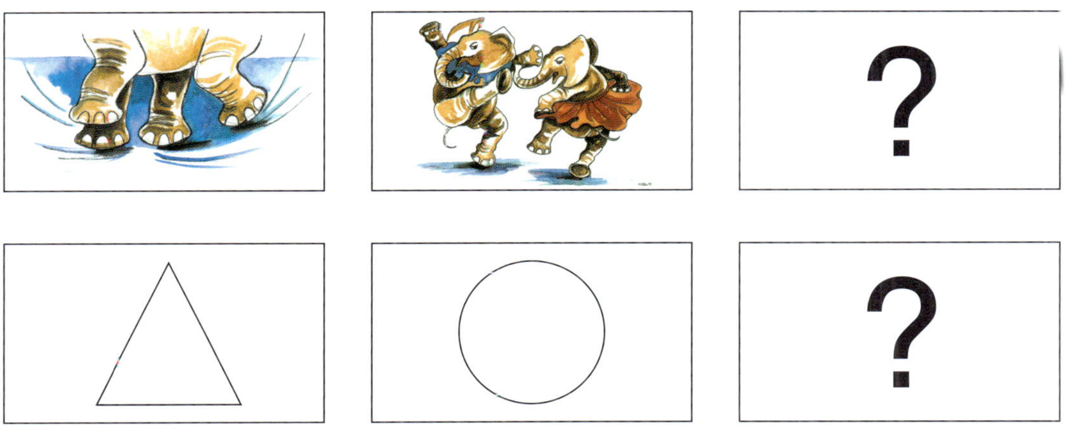

6 *Denkt euch einen eigenen Plan aus.*

Müll, Müll, Müll

Im Wald liegt eine Limobüchse

T u. M: R. Schuhmann

2. Am See … 3. Im Bach … 4. Am Weg … 5. Im Park … *Und wo noch?*

P 59

Auch so kann man das Lied singen:

Im Wald, da liegt ein Autoreifen … Im Wald liegt eine Luftmatratze …

Bringt saubere Wegwerfgegenstände aus dem Haushalt mit.
Begleitet damit zusätzlich das Lied.

Begleitung:

Die Müllmusik-Band

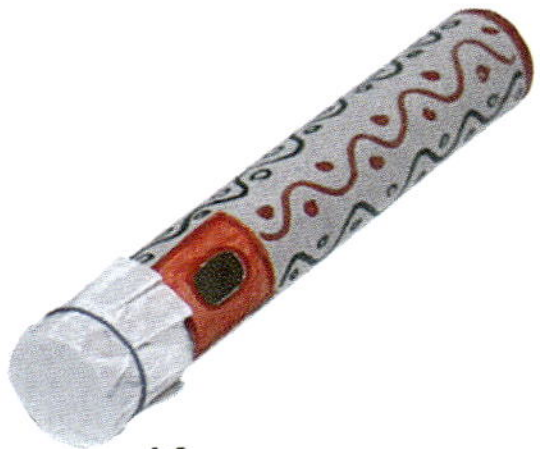

Kazoo
Papprolle
Transparentpapier
Gummiring

Wir spielen immerzu

T u. M: R. Schuhmann

Nach jeder Liedstrophe spielt jeweils die passende Instrumentalgruppe.

Rassel
2 Jogurtbecher
Reis (Linsen usw.)

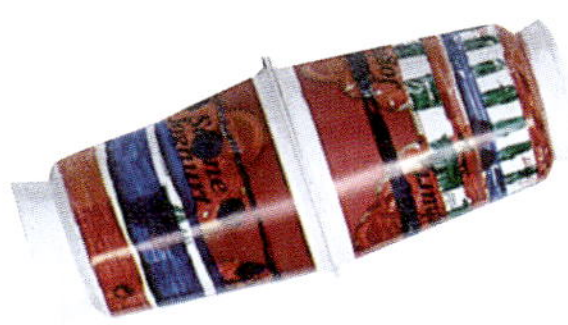

2. Wir rasseln immerzu.
Nanu, nanu! :|

Kastagnetten
Pappstreifen, Isolierband,
2 halbe Nussschalen

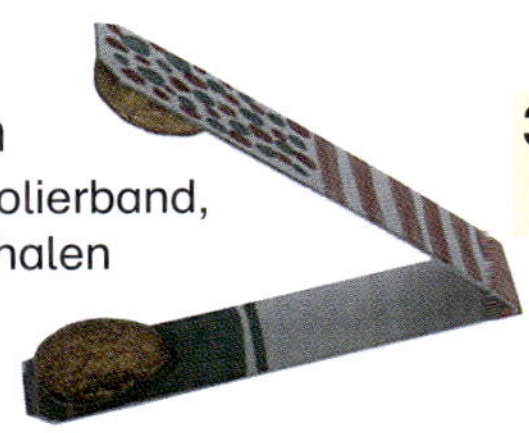

3. Wir klacken immerzu.
Das kannst auch du. :|

Bongo
Blumentopf
Plastikfolie
Schnur

4. Wir trommeln immerzu.
Juhu, juhu! :|

Gummiring-Zither
Schuhkarton
Gummiringe
Hölzchen

5. Wir zupfen immerzu.
Und was machst du? :|

Alle Gruppen gemeinsam:

6. Und jetzt spielt gar zum End
die ganze Band. :|

40

Ich weiß einen Stern von Josef Guggenmos

gar wundersam

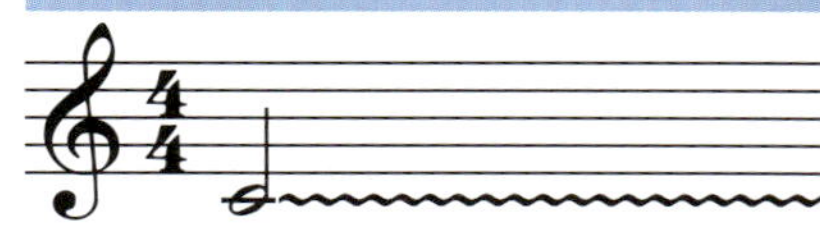

darauf man lachen

Mit **Städten,** voll
von tausend Dingen.
Mit **Wäldern**, darin
die Vögel singen.

1 *Erfindet eine Städte-, Wald-, Blumen- und Meeresmusik.*

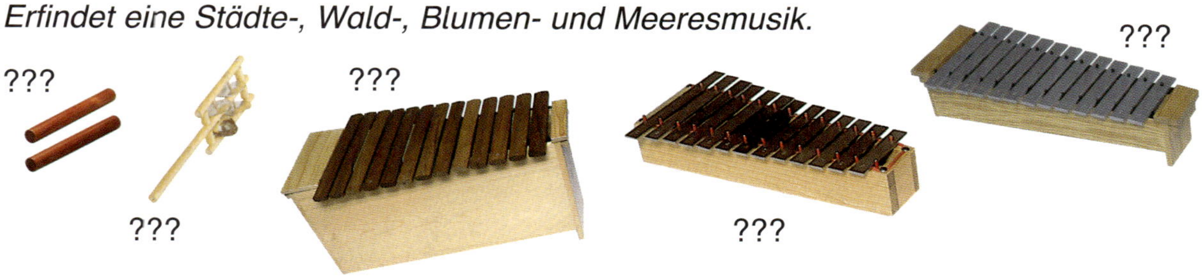

2 *Sprecht das Gedicht einzeln und in Gruppen.*

3 *Führt es zusammen mit der Musik wie ein kleines Theaterstück auf.*

gar wundersam

und weinen kann.

Ich weiß einen Stern,
drauf **Blumen** blühn,
drauf herrliche Schiffe
durch **Meere** ziehn.

Er trägt uns, er nährt uns,
wir haben ihn gern:

Erde, so heißt
unser lieber Stern.

Zwerge und Riesen

Wir wollen heute Zwerge sein

T u. M: R. Schuhmann

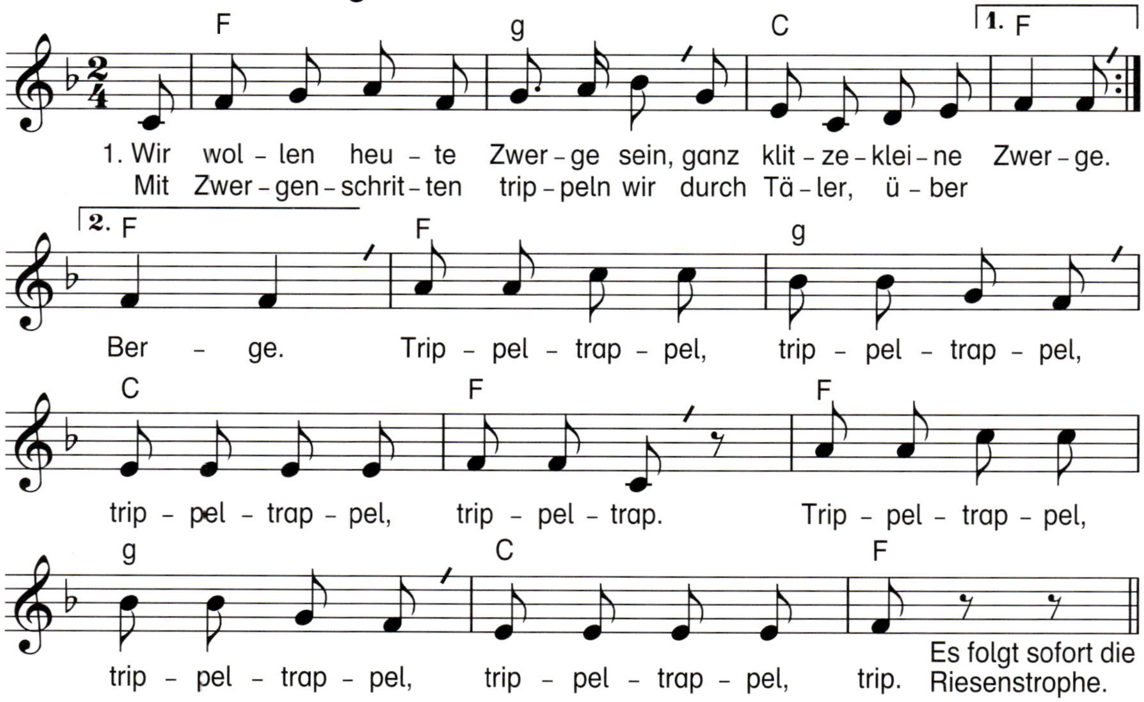

Singt abwechselnd die Zwergen- und die Riesenstrophe des Liedes und bewegt euch dazu als Zwerge und Riesen.

Begleitung:

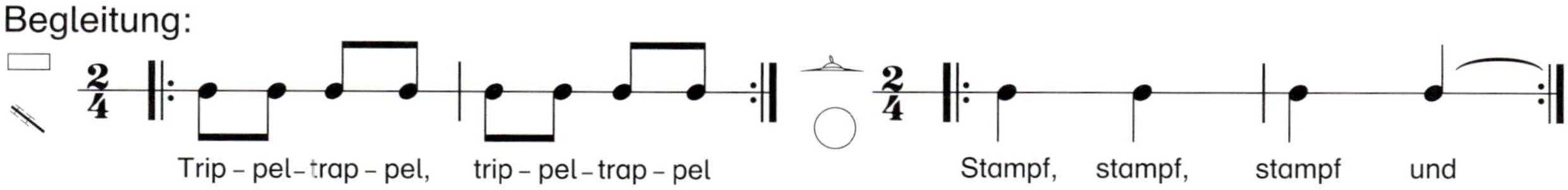

41

Bewegungskanon

T u. R: R. Schuhmann

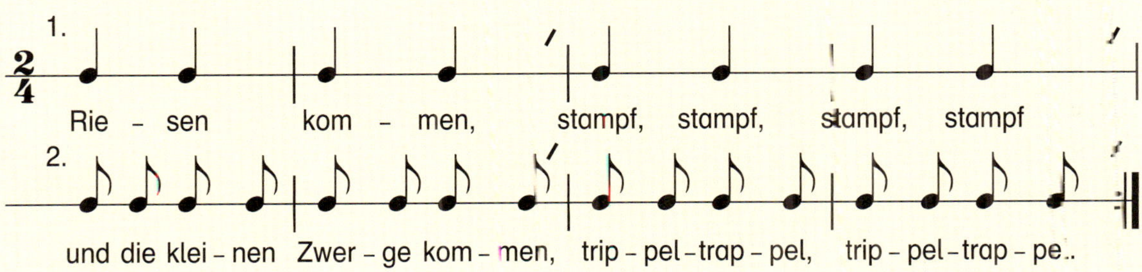

Wir bewegen uns zu einer „Rasch-Langsam-Musik". 42

Sommersonne

Trarira, der Sommer, der ist da!

T u. M: überliefert

P 60

Wechselt ab: alle und einzelne.

Wandern in der Sommerzeit

T u. M: L. Rinderer

P 61

Musikverlag Helbling, Innsbruck

Was nehmt ihr auf eurer Wanderung alles mit? Geht zum Lied mit einem schweren Rucksack, mit einem Schirm, mit einem Stock …

Sonnenlauf

P 62

1 *Malt mit Tüchern und Bändern die Melodie in die Luft.*

2 *Diese Töne könnt ihr für eine Begleitung verwenden:*

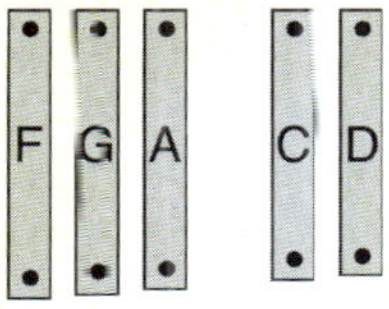

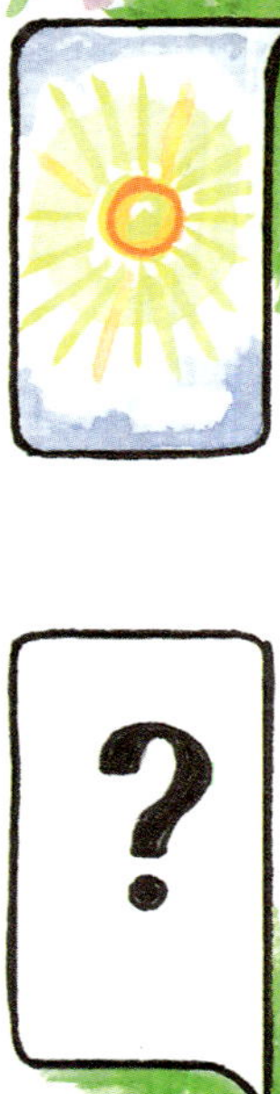

Sonnengeschichte

Ich liege auf einer Wiese.
Es riecht nach Erde und Moos.
Dunkel ist es,
und ich bin ruhig, ganz ruhig.
Ein Streifen am Himmel färbt sich rot.
Erste Strahlen berühren sanft mein Gesicht.
Die Sonne steigt auf,
hoch und höher.
Sie wärmt meinen Bauch, die Hände, die Füße.
Fröhlich begrüßen die Vögel den neuen Tag.
Ich öffne vorsichtig meine Augen.
Das feuchte Gras spiegelt hell die leuchtende Sonne.

1 *Diese Sonnengeschichte könnt ihr mit Instrumenten spielen. Nehmt eure Musik auf Kassette auf.*

2 *Der norwegische Komponist Edvard Grieg (1843-1907) hat eine Sonnenmusik mit dem Namen „Morgenstimmung" komponiert. Vergleicht seine Komposition mit eurer Sonnenmusik.*

43

Endlich Sommer

Heuschnupfen

T u. R: R. Fernandez

Begleitung:

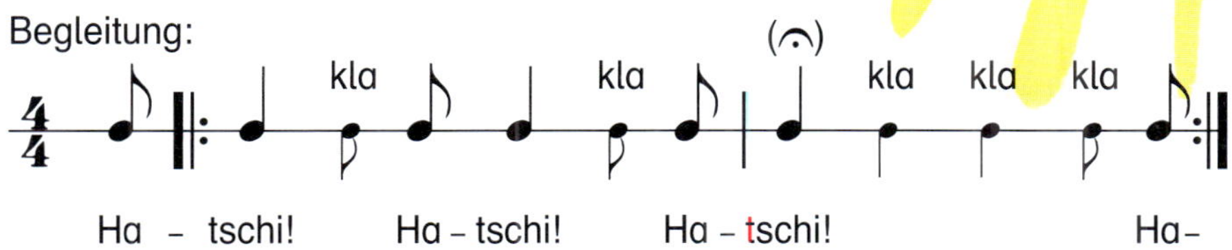

1 *Begleitet den Sprechvers mit „Hatschi“ und Körperinstrumenten.*

2 *Spielt die Begleitung nur mit Körperinstrumenten.*
Sprecht „Hatschi“ in Gedanken mit.

Kinder, Kinder

T u. R: R. Schuhmann

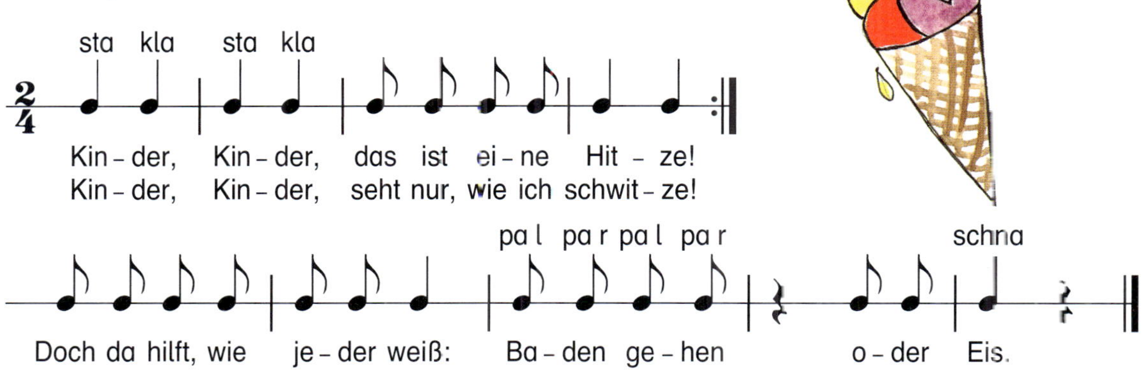

Hei, sie schweben

Bunte Luftballons

44

Eine kleine Seifenblase

T u. M: W. Beidinger

2. Seifenblasen tanzen wieder,
schweben lautlos auf und nieder,
rund und schön anzuseh'n.
Huch, da sind sie weg!

P 63

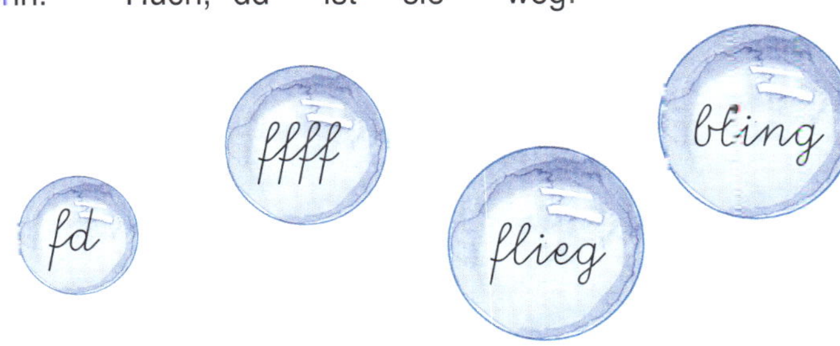

Verfolgt mit eurem Finger den Flug der Seifenblasen in der Melodie mit.

Sommerwetter, Donnerwetter

1 *Spielt euer eigenes Gewitter.*

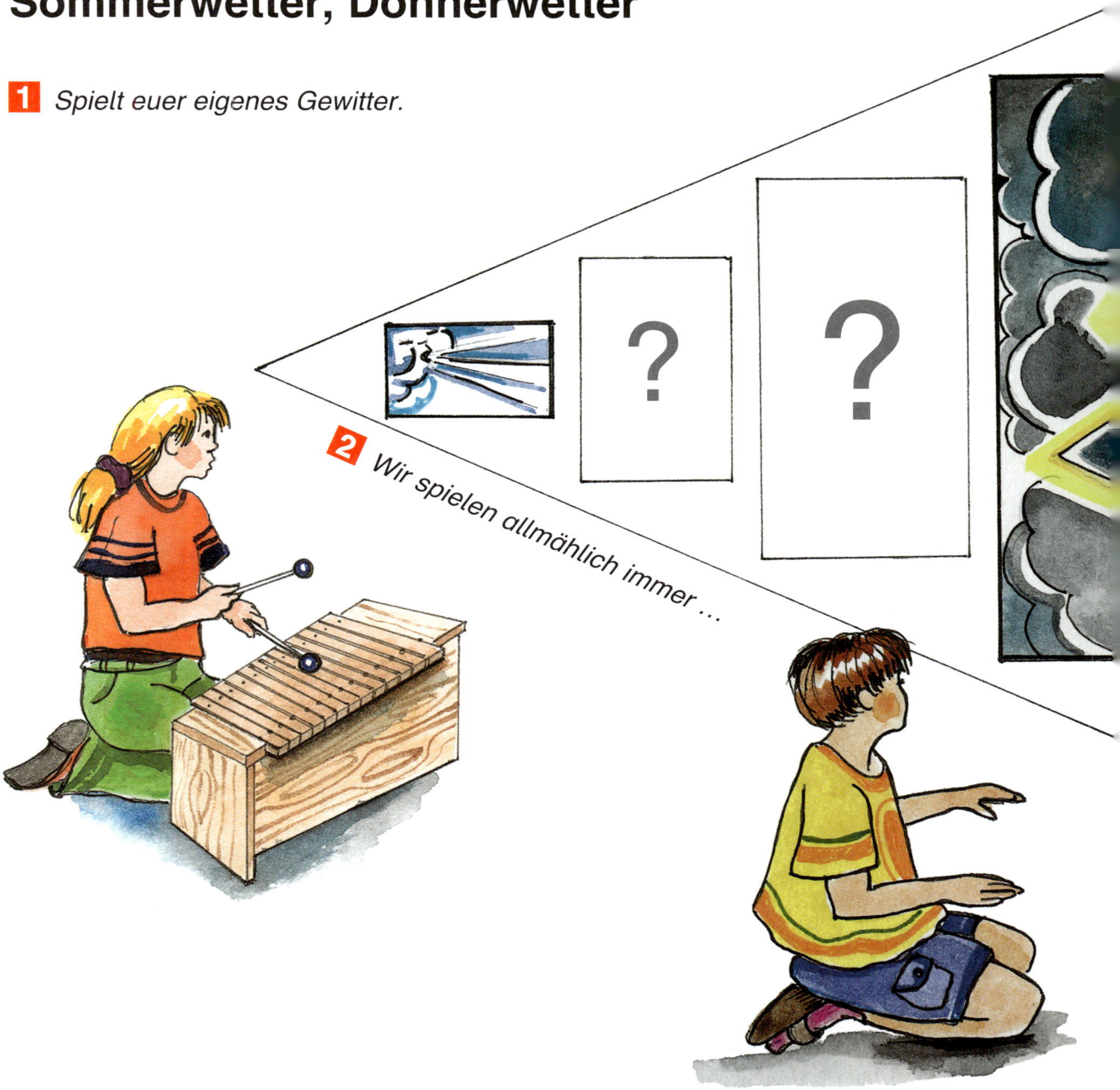

2 *Wir spielen allmählich immer …*

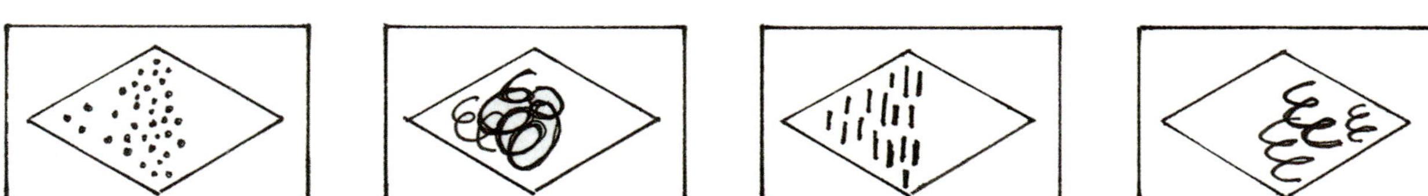

3 *Stellt mit verschiedenen Zeichen die Wettergeschichte auf einem Blatt Papier dar.*

45-48

4 *Spielt nach, was die Dirigentin zeigt.*

5 *In Gioacchino Rossinis (1792-1868) Oper „Der Barbier von Sevilla“ hört ihr auch eine Gewittermusik.*

49

Plitsch, platsch Badespaß

1 Begleitet den Reporter auf seinem Weg durch das Freibad.

2 Erfindet eine eigene Geräuschmusik vom Freibad. 50

Kuckuck, Esel und andere

Ein Vogel wollte Hochzeit machen

T u. M: volkstümlich

2. Die Drossel war der Bräutigam,
die Amsel war die Braute.

3. Die Lerche, die Lerche,
die führt´ die Braut zur Kerche.

4. Die Gänse und die Anten,
das warn' die Musikanten.

5. Der Pfau mit seinem bunten Schwanz,
der führt' die Braut zum Hochzeitstanz.

6. Brautmutter war die Eule,
nahm Abschied mit Geheule.

7. Der Uhu, der Uhu,
der macht' die Fensterläden zu.

P 64

Die Geschichte könnt ihr auch mit Schattenfiguren oder Stabfiguren erzählen.

Der Kuckuck und der Esel

T: H. Hoffmann von Fallersleben M: K. F. Zelter

2. Der Kuckuck sprach: Das kann ich!
und fing gleich an zu schrein.
𝄆 Ich aber kann es besser, 𝄇
𝄆 fiel gleich der Esel ein. 𝄇

3. Das klang so schön und lieblich,
so schön von fern und nah.
𝄆 Sie sangen alle beide 𝄇
𝄆 Kuckuck, Kuckuck, ia. 𝄇

P 65

1 *Auf der CD hört ihr den „Gesang“ von Kuckuck, Esel und anderen Tieren.* 51

2 *Spielt auf Instrumenten ein Streitgespräch zwischen Kuckuck und Esel.*

3 *Hört euch das Musikstück „Der Kuckuck“ aus dem „Karneval der Tiere“ von Camille Saint-Saëns an. Wie oft singt der Kuckuck?* 52

Hei, mein Pferdchen

T: I. v. Faber du Faur M: H. Lemmermann

1.+3. Hei, mein Pferd - chen läuft ge - schwind, pan pa - ta pan pa - ta pan pa - ta pan.
5. Ist noch schnel - ler als der Wind, pan pa - ta pan pa - ta pan pa - ta pan.

2. Wenn es durch das Was - ser patscht, flick und flack und flick und flack.
4. Wenn es durch die Wäl - der bum - melt, bum ba - da bu, ___ bum ba - da bu.

2. läuft mein Pferd - chen ganz ge - schwind, ist noch schnel - ler als der Wind.
4. läuft mein Pferd - chen ganz ge - schwind, ist noch schnel - ler als der Wind.

P 66

Begleitung:

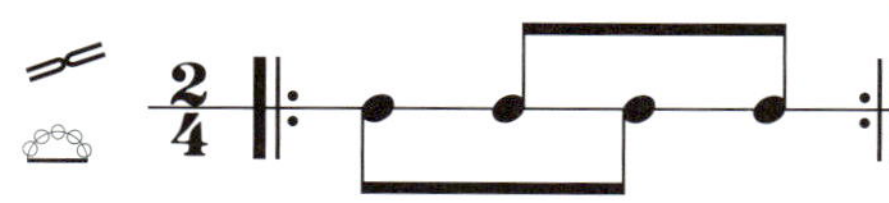

(+ Zungenschnalzen)

Wie kommt ein Dromedar

T u. M: G. Kretzschmar

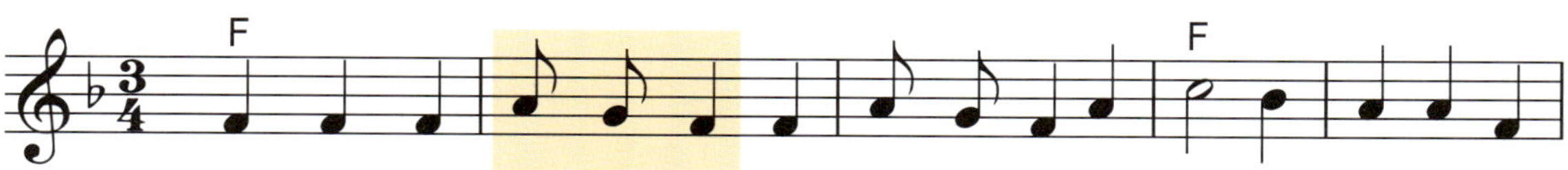

Wie kommt ein Dro - me - dar nach Cor - do - ba in Süd - a - me - ri - ka,
So kommt ein Dro - me - dar nach Cor - do - ba in Süd - a - me - ri - ka,

wie kommt ein Dro - me - dar nach Cor - do - ba hin?
so kommt ein Dro - me - dar nach Cor - do - ba hin!

P 67

Begleitung für
Körper- und Rhythmusinstrumente:

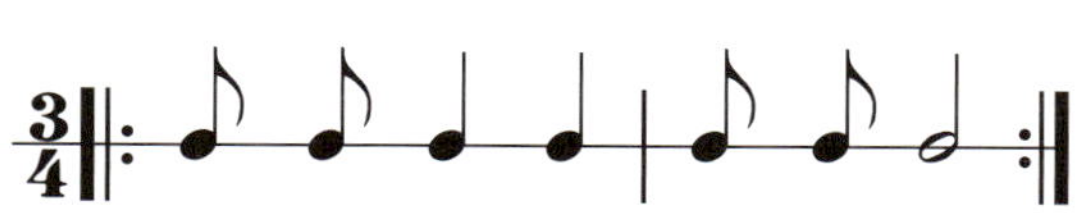

Dro - me - dar nach Cor - do - ba

Erfindet zum Lied weitere lustige Strophen.

Was macht ein Regenwurm?

T: J. Ehri M: U. Führe

2. Was macht ein Buckelrind
bei Wind?
Es wiederkäut in guter Weil
und zeigt dem Wind sein Hinterteil.
Das macht das Buckelrind
bei Wind.

Begleitung bei

3. Was macht ein Elefant
im Sand?
Er steckt den Rüssel tief hinein
und sandet sich den Rücken ein.
Das macht ein Elefant
im Sand.

4. Was macht der Vogel Strauß
im Haus?
Er macht sich einen großen Spaß
und stellt sich in die Blumenvas'.
Das macht der Vogel Strauß
im Haus.

P 68

Fidula-Verlag, Boppard/Rhein und Salzburg

Denkt euch neue Strophen aus. Ihr braucht dazu ein Tier und ein passendes Reimwort. Dann müsst ihr euch überlegen, was das Tier (Stier) mit dem Reimwort (mir) tun könnte:

Stier – mir, Tier …

Schaf – Schlaf, Graf …

Krokodil – Nil, Ziel, Kiel …

Hund – Pfund, Mund, Stund …

Nach: Fidula-Verlag, Boppard/Rhein und Salzburg

Tim und die wilden Tiere – Ein Spiel

T u. M: R. Schuhmann

Alle Mitwirkenden:

Ja, kennt ihr den Tim?

2. Er klopft auf allem rum.
Den Eltern wird's zu dumm.
Sie schicken ihn ins Bett.
Das find´t er gar nicht nett,
der Tim, der kleine Tim.

3. Da hat er einen Traum,
so toll, man glaubt es kaum.
Passt auf, ihr lieben Leute,
den Traum erzähl´n wir heute,
den Traum vom kleinen Tim.

Begleitung*:

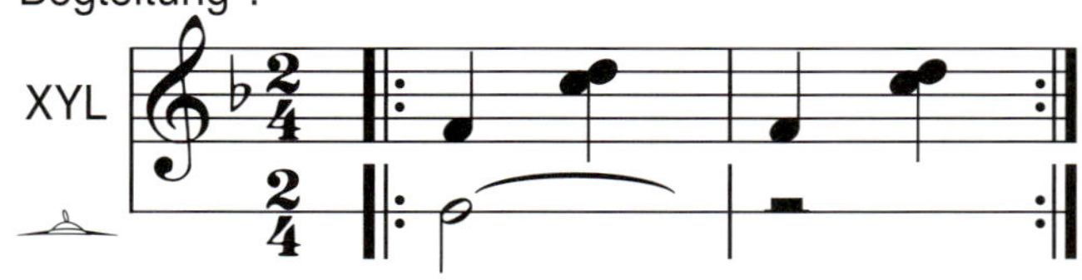

P 69

(Chor tritt ab und verwandelt sich rasch in wilde Tiere.)

Erzähler: Tim träumt, wie er auf einer großen Waldwiese herumspaziert.
Die Vögel zwitschern. Alles ist ganz friedlich …
Doch auf einmal sind aus der Ferne eigenartige Geräusche zu hören, …
und am Waldesrand tauchen furchterregende Tiere auf.

Wilde Tiere *(kommen immer näher)*:

Ua, ua!

Erzähler: Tim ist erschrocken.
Er weicht zurück.
Doch dann fasst er Mut und fragt:

Tim: Hallo, wer seid ihr denn?

Wilde Tiere:

Wir sind die wilden Tiere

2. Wir drohen mit den Tatzen. U-a, u-a …
3. Wir schneiden wilde Fratzen. U-a, u-a …

Begleitung*:

P 70

Erzähler: Tim lässt sich nicht einschüchtern.

Tim: Sagt mal, müsst ihr anderen immer nur Angst machen? Könnt ihr eigentlich auch noch etwas anderes?

Wildes Tier: O ja! Wir können Krachmusik machen.

Wilde Tiere:

Krach, Krach, Krach!

2. Krach, Krach, Krach! Wir machen Krach.
Krach vom Morgen bis zur Nacht,
weil der Krach uns Freude macht.
Krach, Krach, Krach!
Wir machen Krach, machen Krach.

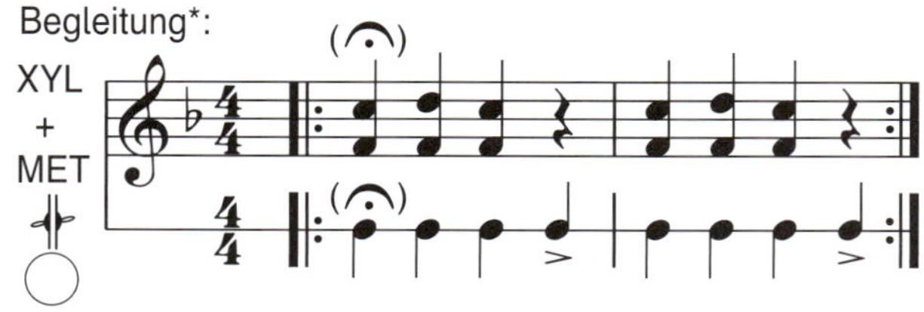

Erzähler: Die wilden Tiere holen eilig ihre Krachinstrumente herbei. Auf ein Zeichen ihres Anführers beginnen sie ihre Krachmusik.

KRACHMUSIK

Tim: Aufhören! Aufhören! Dieser Krach ist nicht auszuhalten!

Erzähler: Enttäuscht haben die wilden Tiere ihre Krachmusik beendet.

Wilde Tiere:

Schad, schad!

2. Schad, schad, das ist aber schad!
War so toll, war so schön.
Was soll jetzt geschehn?
O, wie schad! Jetzt wird's fad.
O, wie schad!

Begleitung*:

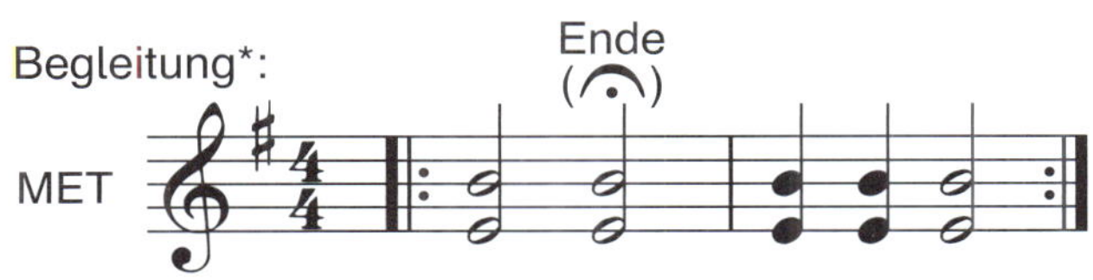

P 72

Tim:	Sagt mal, kennt ihr keine **leise** Musik?
Wildes Tier:	Leise Musik? … Leise Musik?
Wildes Tier:	Was ist das? Sag, wie geht leise Musik?
Erzähler:	Tim nimmt eines der Krachinstrumente und spielt damit ganz leise.
Wildes Tier:	O! Das ist leise Musik?
Wildes Tier:	Gar nicht schlecht. Das wollen wir auch ausprobieren.
Erzähler:	Auf ein Zeichen von Tim spielen die wilden Tiere ganz leise mit ihren Instrumenten.

LEISE-MUSIK

Erzähler:	Es dauert nicht lange, da wird den wilden Tieren die leise Musik langweilig.
Wildes Tier:	Hört mal her! Machen wir doch eine Musik, die so geht: einmal laut, einmal leise, einmal laut, einmal leise …

Erzähler: Alle finden die Idee großartig.
Damit aber die Musik auch klappt, vereinbart Tim mit den wilden Tieren Zeichen.

Tim: Wenn ich **so** mache *(Tim hält die Hände hoch.)* …

Wilde Tiere: … machen wir laute Musik.

Tim: Wenn ich **so** mache *(Tim senkt die Hände herab.)* …

Wilde Tiere: … spielen wir ganz leise.

Tim: Lasst uns anfangen.

LAUT LEISE **LAUT** LEISE

Erzähler: Das hat den wilden Tieren Spaß gemacht.

Wildes Tier: Du musst mit uns noch viel Musik machen. Jeden Tag.

Tim: Das geht nicht. Ich muss jetzt heim.

Wilde Tiere:

Ua, ua!

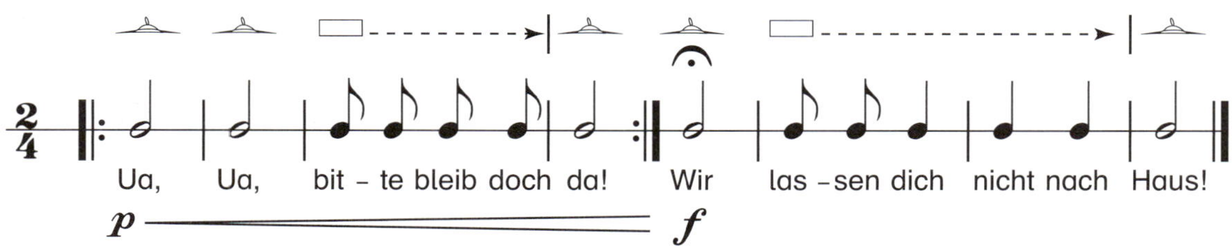

Tim: Ich kann wirklich nicht bei euch bleiben.

Wildes Tier: Aber du darfst nicht fortgehen.

Wildes Tier: Bitte bleib bei uns!

Wilde Tiere:

Bleib bei uns!

P 73

Tim: Lasst mich jetzt gehen! Ich gebe euch mein Wort: Ich komme irgendwann wieder.

Erzähler: Nur, weil Tim den wilden Tieren sein Wort gegeben hat, lassen sie ihn fort.
(Tim verschwindet. Die wilden Tiere winken ihm nach.)

Alle Mitwirkenden *(versammeln sich an der „Bühnenrampe")*:

Aus ist der Traum

P 74

(Begleitung wie bei „Ja, kennt ihr den Tim?")

* *Diese beiden Begleittakte dienen auch als Vorspiel.*

Alphabetisches Verzeichnis der Lieder und Spielstücke

Zeichenerklärung

• = Lied mit Begleitungsvorschlag
♦ = Lied mit Gestaltungsvorschlag
♥ = Spielstück
* = Lied lt. empfohlenem Liederkanon für den Musikunterricht in der Grundschule

Alphabetisches Verzeichnis der Sprechstücke, Gedichte und Geschichten

Alphabetisches Verzeichnis der Tänze und Bewegungsspiele

Spielszenen und szenische Spiele

Bildnachweis

P. Ferstl, Pettendorf: S. 88 (Stadt) – A. Holzlechner, Neumarkt St. Veit: S. 41 (Gambe) – MEV-Verlag, Augsburg: S. 41, 88 (H. Durz), S. 89 (R. Eggstein), (P. Daniescu) – E. Schefold, Seukendorf: 75 – K. Schlumberger, Schopfloch: S. 51 – Sonor, Bad Berleburg: S. 43 – Studio 49, Gräfelfing: S. 16, 25, 71, 81, 88, 94 – M. Venus, Regensburg: S. 5, 17, 19, 21, 22, 34, 38, 43, 50, 63, 65, 66, 71, 85, 87, 88 (Stabspiele), 93, 94 – Verlagsarchiv: S. 8

Quellennachweis

S. 70: „Die Tulpe", von Josef Guggenmos, aus: Was denkt die Maus am Donnerstag?, dtv, 1974, 6. Auflage
S. 88/89: „Ich weiß einen Stern", von Josef Guggenmos, aus: Mein Lesebuch 3. Jg., bsv

Alle nicht mit einem ausdrücklichen Quellennachweis versehenen Lieder sind entweder Volksgut, urheberrechtlich frei oder Originalbeiträge. Alle Liedausgestaltungen sowie die Rhythmisierung von Texten sind in der Unterrichtspraxis der Autoren entstanden.

Elisabetta Rossini e Elena Urso sono pedagogiste, autrici di libri per genitori e per bambini e titolari di uno studio di Consulenza Familiare a Milano.

www.consulenzafamiliare.com

Consulenza Pedagogica Rossini-Urso

Dalle stesse autrici

© 2021 by EDICART
EDICART è un marchio EDICART Style
via Jucker, 28 - Legnano (MI) Italia
Testi di *Elisabetta Rossini* e *Elena Urso*
Illustrazioni di *Silvia Colombo*

www.consulenzafamiliare.com
Consulenza Pedagogica Rossini - Urso

www.edicart.it

Elisabetta Rossini Elena Urso
illustrazioni di Silvia Colombc

Clio e l'arpa magica

Una storia di armonia nella diversità

EDICART

C’era una volta Clio.
Clio era una tenace e allegra bambina, e viveva in un regno magico, popolato da bizzarre creature: fate, gnomi e animali di ogni tipo. Tutti gli abitanti vivevano armoniosamente insieme, conducendo esistenze laboriose e felici, ed erano tutti accomunati da una straordinaria peculiarità: essi si esprimevano attraverso canti soavi e melodiosi. E, benché le fate avessero voci squillanti, gli gnomi producessero suoni cavernosi, gli uccellini intonassero note acute e i bambini canzoni in falsetto, il tutto risultava composto in un incantevole equilibrio.

"Siam le fate delicate
siam piccine e colorate.
Se nel bosco tu verrai
proprio lì ci troverai..."

Ecco arrivano gli gnomi
e più gravi si fanno i suoni...

"Sì, ci siamo anche noi
che del bosco siam gli eroi.
Siam gli gnomi valorosi
siamo fieri e baldanzosi".

Oh, si sente cinguettare
note acute, lievi e rare...

"Sì, siam proprio gli uccellini
tordi, gazze e cardellini.
Siamo allegri ed intonati
e fra i rami stiam beati".

Ora arrivano festosi
i nostri amici più gioiosi...

"Siamo noi, siamo i bambini,
siamo spesso birichini.
E se il cielo vuoi toccare
insieme a noi devi cantare".

In effetti, il regno custodiva un prezioso segreto: al suo centro era posta la magica arpa dorata, protettrice della pace e dell'armonia.

Sua custode era proprio Clio, distintasi in più occasioni per il suo coraggio e la sua saggezza.

Lassù in alto, sopra una nube nera e tempestosa, viveva la perfida strega Ubriseide.
Era una strega capricciosa e facile alla noia, così trovava assai dilettevole escogitare inganni, diabolici piani e malvagie fatture che la allietavano.

Un giorno, durante uno dei suoi lunghi viaggi, la strega fermò la sua nuvola sull'incantato mondo di Clio. Sventuratamente, le dorate note della magica arpa si stavano innalzando su nel cielo, tanto da giungere fino alla tetra dimora di Ubriseide. Lì indugiarono e avvolsero la malefica in una festosa danza.

Ubriseide si infastidì, si irritò e infine si adirò talmente che distrusse con un solo colpo di mano quelle moleste note, convinta di aver eliminato la causa di tanto disturbo.

Improvvisamente altre note la raggiunsero di nuovo e di nuovo la avvolsero. Al culmine dell'esasperazione, Ubriseide guardò giù, vide l'arpa luccicare, impose le mani e la trasse a sé. L'arpa trascinò con sé la musica del regno, e sul regno scese il silenzio.

Clio assistette impotente alla sparizione dell'arpa. Attonita e sgomenta, provò a chiedere aiuto, ma non emise alcun suono. Corse per tutto il regno, e ciò che vide fu sconvolgente.

Gli abitanti del regno, rimasti senza voce, nell'impossibilità di comunicare, cominciarono a diffidare gli uni degli altri. Le fate riconobbero nel torvo sguardo degli gnomi cattive intenzioni; gli gnomi imputarono agli uccelli di essere infidi con quei loro occhietti sfuggenti; gli animali tutti cominciarono a temere i bambini dispettosi; e i bambini si sentirono improvvisamente soli e spaesati. Si formarono gruppi della stessa specie, ognuno dei quali trovò un posto in cui rinchiudersi, preda della paura e del sospetto.

Clio, in un impeto disperato, alzò i suoi occhi al cielo e vide la nube; sopra la nube vide Ubriseide, che stringeva tra le mani l'arpa dorata e sorrideva malevola. In un istante, Clio iniziò a correre, raggiunse la cima dell'albero più alto, saltò sulla nuvola più vicina e, di nuvola in nuvola, raggiunse Ubriseide.

La bambina e la strega si guardarono a lungo e così parlarono:
“Tu chi sei? E perché stai facendo tutto questo?”
“Io sono Ubriseide e faccio quello che voglio!”
“Ma perché ci rubi la pace?”, chiese Clio.

"Perché ho il potere di farlo! La magia è al servizio della mia noia; la vostra sofferenza è il mio diletto, il vostro silenzio è l'unico suono a me gradito".

"Sei davvero ignobile e perfida, ma io non mi arrenderò".

Con uno scatto Clio abbracciò l'arpa e, sfiorandone le corde, cominciò il suo canto:

"Il mio mondo or difendo,
davanti a te io non mi arrendo
Con coraggio e con amore,
caccerò ogni dolore.
Col mio spirito tenace,
farò tornare qui la pace
La paura e il sospetto,
muteranno presto aspetto
La tua ira fine avrà,
riporterò la libertà"

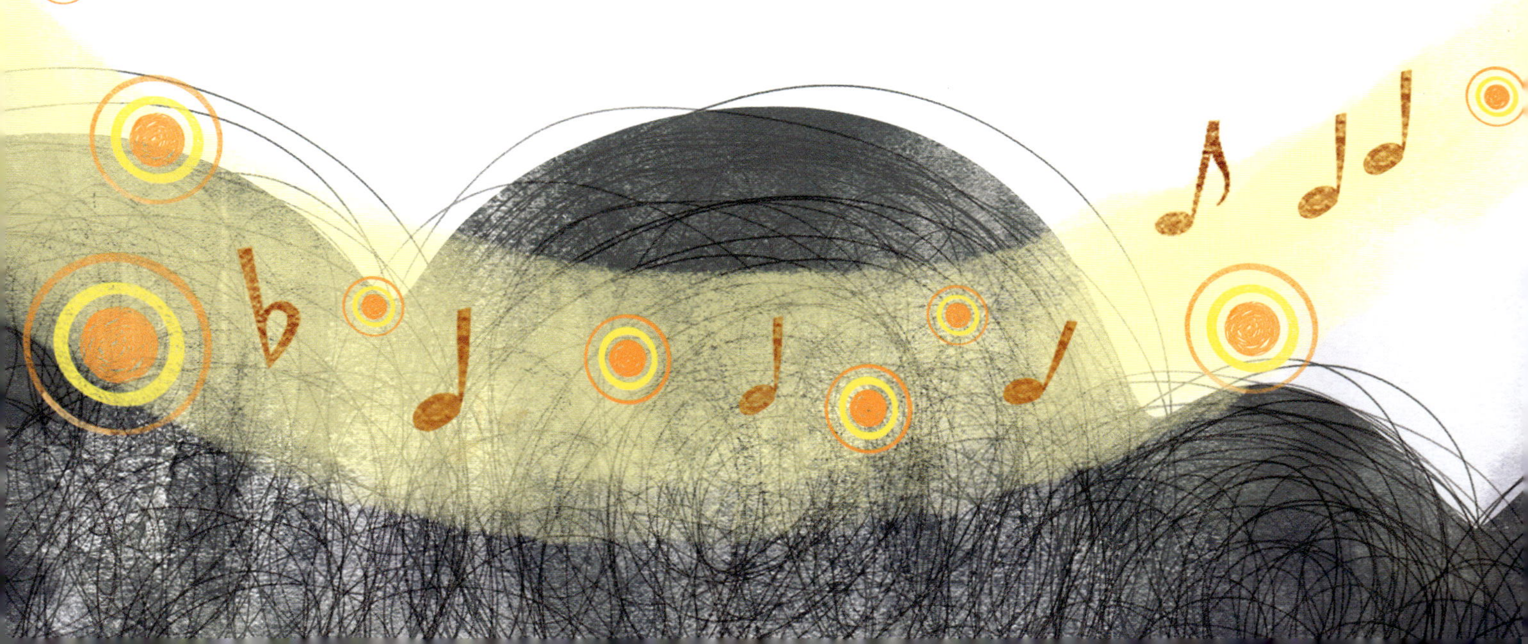

ODE DE PINDAR

Il canto di Clio, unito alle note dell'arpa dorata, era da sempre un'arma invincibile, poiché raggiungeva il cuore di ogni creatura. Così fu anche questa volta: le note si alzarono in volo e, in un rutilante turbinio, avvolsero la strega che, ormai inerme, cominciò a sgretolarsi in mille pagliuzze dorate.

Clio strinse l'arpa a sé e, appesa ad una nota, atterrò dolcemente al centro del regno dove ripose al suo posto il magico strumento.

ODE
DE PINDARE
Morceau de Musique

Tutti gli abitanti, cautamente, uscirono dai loro rifugi, si fecero attorno a Clio e, con ritrovata fiducia, si unirono al suo canto. Intanto le pagliuzze dorate si depositarono sulle cime degli alberi, e lì rimasero per sempre a ricordo del nefasto evento.

E ogni volta che la diffidenza e la paura tentavano di insinuarsi negli animi, era sufficiente che Clio indicasse le cime dorate, perché i sentimenti mutassero e gli abitanti ricominciassero a cantare in armonia.